두근두근 신비한
우리 몸속 탐험

두근두근 신비한
우리 몸속 탐험

2판 1쇄 발행 2020년 11월 25일

글쓴이 이여니
그린이 임성훈

펴낸이 이경민
펴낸곳 ㈜동아엠앤비
출판등록 2014년 3월 28일(제25100-2014-000025호)
주소 (03737) 서울특별시 서대문구 충정로 35-17 인촌빌딩 1층
전화 (편집) 02-392-6901 (마케팅) 02-392-6900
팩스 02-392-6902
전자우편 damnb0401@naver.com
SNS

ISBN 979-11-6363-281-8 74400

※ 책 가격은 뒤표지에 있습니다.
※ 잘못된 책은 구입한 곳에서 바꿔 드립니다.
※ 이 책에 실린 사진은 위키피디아, 셔터스톡에서 제공받았습니다.

도서출판 뭉치는 ㈜동아엠앤비의 어린이 출판 브랜드로, 아이들의 지식을 단단하게 만들어주고, 아이들의 창의력과 사고력을 키워주어 우리 자녀들이 융합형 창의 사고뭉치로 성장할 수 있도록 좋은 책을 만들겠습니다.

두근두근 신비한 우리 몸속 탐험

글쓴이 **이여니** | 그린이 **임성훈**

 펴내는 글

키와 성장 호르몬은 무슨 관계일까?
사춘기에 나타나는 남자와 여자의 신체적 차이는 무엇일까?

 선생님의 질문에 교실은 일순간 조용해집니다. 누군가 대답하기를 기다리다 못해 선생님께서 콕 집어 누군가의 이름을 부르는 순간 나는 걸리지 않았다는 안도감에 금세 평온을 되찾지요. 우리 교실에서 자주 볼 수 있는 풍경입니다.
 사람들 앞에서 자신의 생각을 조리 있게 전달하는 기술은 국어 시간에만 필요한 것이 아닙니다. 수업 시간뿐만 아니라 상급 학교 면접 자리 또는 성인이 된 후 회의에서도 자신의 의견을 분명히 표현하는 것이 중요합니다. 하지만 어디서부터 시작해야 할지 몰라 입을 떼는 일이 쉽지 않습니다. 얼떨결에 한마디 말을 하게 되더라도 뭔가 부족한 설명에 왠지 아쉬움이 들 때도 많습니다.
 논리적 사고 과정과 순발력까지 필요로 하는 토론장에서 자신만의 목소리를 내려면 풍부한 배경지식은 기본입니다. 토론 중에는 상대의 의견을 받아들이거나 비판하기 위해 의견의 타당성과 높은 수준의 가치 판단을 해야 하는 경우가 많은데, 자신의 입장을 분명히 하기 위해서는 풍부한 자료와 논거가 필요합니다. 또한 고학년으로 올라가서 배우는 수업과 진학 시험에서의 논술은 교과서 이상의 것을 요구합니다.
 「초등 융합 사회과학 토론왕」 시리즈는 사회에서 일어나는 다양한 사건과 시사 상식 그리고 해마다 반복되는 화젯거리 등을 초등학교 수준에서 학습하고 자신의 말로 표현할 수 있도록 기획되었습니다. 체계적이고 널리 인정받은 여러 콘텐츠를 수집해 정리하였고, 전문 작가들이 학생들의 발달 상황에 맞게 스토리를 구성하였습니다. 개별적으로 만들어진 교과서에서는 접할 수 없는 구성으로 주제와 내용을 엮어 어린이 독자들이 과학적 사고뿐만 아니라 문제 해결력, 비판적 사고력을 두루 기를 수 있도록 하였습니다. 그리고 폭넓은 정보를 서로 연결지어 설명함으로써 교과별로 조각나 있는 지식을 엮어 배경지식을 보다 탄탄하게 만들어 줍니다. 이러한 통합 교과형 구성은 국어를 기본으로 과학에서부터 역사, 지리, 사회, 예술에 이르기까지 상식과 사회에 대한 감각을 익히고 세상을 올바르게 바라보는 눈을 갖는 데 큰 도움이 될 것입니다.

『두근두근 신비한 우리 몸속 탐험』의 주인공 시호는 공부하기 싫어 꾀병으로 병원에 입원합니다. 그런데 같은 병실을 쓰게 된 여자아이가 알고 보니 지구인의 몸을 조사하러 온 외계인 소녀라지 뭐예요? 시호는 외계인 소녀 하라와 함께 병원 곳곳을 돌며 인체 해부학의 역사, 몸의 장기 및 피부 조직의 구조, 뼈의 구조와 성장판, 뇌와 신경의 역할, 사춘기에 나타나는 남녀의 신체적 변화, 아기가 생겨나는 원리 등 다양한 인체의 신비를 경험하게 됩니다. 이 책을 통해 독자 여러분이 몸과 성에 대한 다양한 정보와 특성을 이해하고, 그 과정에서 나타나는 여러 가지 사회 현상을 파악해 올바른 가치관을 갖게 된다면 더없이 소중한 시간이 될 것입니다.

편집부

펴내는 글 4

병실에서 만난 이상한 여자아이의 정체는? 8

1장 외계인 소녀 하라를 따라 의학의 역사 속으로! 11

어느 별에서 살다 왔어?

시체실은 어디에?

내가 제일 잘 나가

토론왕 되기!
선사시대에도 치료법이 있었을까?

2장 인체의 신비 속으로 45

피부과에서 생긴 일

살아 있는 뼈

꼬마가 들려주는 몸속 이야기

토론왕 되기!
키와 성장 호르몬은 무슨 관계일까?

3장 천재? 영재? 우리 몸 81

뇌가 시켰어~

우리 몸의 비밀

토론왕 되기!
장기이식이 가능한 장기의 종류와 문제점은 무엇일까?

4장 오춘기 동생 사춘기 109

마법에 걸린 시호

아기가 갖고 싶어요

토론왕 되기!
인간 복제, 무엇이 문제일까?

몸과 성 관련 사이트 137
어려운 용어를 파헤치자! 138
신나는 토론을 위한 맞춤 가이드 140

1장

외계인 소녀 하라를 따라 의학의 역사 속으로!

어느 별에서 살다 왔어?

　시호는 반대편 침대에 누워 있는 여자아이를 보지 않으려고 이불을 머리 끝까지 끌어당겼어요.
　"으, 하필 이상한 애가 들어왔어. 병원을 옮기든가 해야지 원."
　"이상하긴 누가 이상하다는 거야?"
　순간 옆에서 말하는 것처럼 선명하게 목소리가 들려왔어요. 시호는 깜짝 놀라 이불 속을 두리번거렸어요.
　"이상한 걸로 치면 지구인들이 제일 이상하지. 미개한 지구인들 같으니라고. 도대체 이런 미개한 지구인이 뭐가 궁금하다는 거야? 굳이 지구까지 내려와서 관찰할 필요가 있는 걸까? 그냥 데려가면 될 것을."

시호는 자기 귀를 의심했어요. 지구인? 그것도 미개한 지구인?

기분이 나빠진 시호는 씩씩거리면서 이불을 확 걷어찼어요.

"야! 그런 너는 지구인 아냐?"

손가락질하며 벌떡 일어났는데 여자아이가 보이지 않는 게 아니겠어요?

"뭐지?"

시호는 고개를 갸웃거리며 자기 이마를 만져 보았어요.

"나, 정말 아픈가 봐."

그때 화장실 문이 덜컹 소리를 내며 열렸어요. 여자아이는 뭐가 못마땅한지 구시렁거렸어요.

"오줌은 왜 자꾸 마려운 거야. 아, 지구인으로 살기 짜증 나."

여자아이는 침대에 털썩 주저앉았어요. 시호는 머리를 마구 흔들었어요. 그러고는 못 본 척 이불 속으로 기어들어 가려고 했어요. 그런데 여자아이가 눈 깜짝할 사이에 시호 앞으로 다가왔어요. 시호는 자기도 모르게 흐읍! 소리와 함께 숨을 들이마셨어요.

"나이 든 지구인이길 바랐는데……. 데리고 가기엔 너무 어리단 말이지."

조금 전에도 데려가면 된다는 둥 이상한 소리를 하더니…… 또 그런 소리를 듣자 시호는 으스스 소름이 돋았어요. 시호는 참았던 숨을 한 번에 쏟

아냈어요.

"뭐야! 자꾸 이상한 말이나 하고. 너 어떻게 된 거 아냐?"

시호는 귀에 손가락을 대고 빙빙 돌렸어요. 여자아이는 신기한 행동을 본 듯 시호를 따라 했어요. 시호는 그런 여자아이를 보고 빵 터졌어요.

"푸하하하! 도대체 넌 어느 별에서 살다 온 거야?"

시호의 말에 여자아이 얼굴이 굳어졌어요.

"제법이네. 똑똑한 지구인이 있다고는 들었지만, 너무 쉽게 들켜 버렸어."

"들키긴 뭘 들켜? 크크."

시호는 여자아이가 계속 장난을 친다고 생각했어요.

"들켜 버렸으니 본론부터 말하지. 난 지구인이 필요해. 지구인 몸을 구석구석 알아봐야 하거든. 맘 같아선 확 데려가고 싶지만 그건 반칙이라는 지시가 내려왔어. 복잡한 건 딱 질색인데 말이지."

여자아이는 반쯤 흘러내려 온 머리를 뒤로 넘기며 웃었어요. 시호는 그 웃음이 기분 나빴어요.

"외계인 역할 놀이라면 별로야. 다른 데 가서 알아봐."

시호는 시큰둥하게 돌아섰어요.

"지구인들은 의심도 많군. 할 수 없지."

그러더니 여자아이는 검지를 흔들면서 낮게 중얼거렸어요. 그러자 시호의 몸이 붕 뜨더니 침대 위로 사뿐히 뉘어졌어요. 깜짝 놀란 시호는 소리를 질렀어요.

"엄마, 살려 줘!"

시호가 소리를 고래고래 지르자 여자아이가 인상을 썼어요.

"윽. 시끄러워 죽겠네!"

여자아이가 시호의 입에 손가락을 가져가자 신기하게도 시호의 목소리가 들리지 않았어요. 시호는 몸을 일으키려고 했지만, 몸이 움직여지지 않았어요.

"자, 이제 슬슬 지구인에 대해 알아볼까?"

시호가 끙끙거렸지만 여자아이는 들은 척도 하지 않았어요. 여자아이가 시호의 옆구리를 톡 건드리자 시호는 움찔했어요. 머릿속으로는 온갖 무서운 그림들이 펼쳐졌어요. 외계인들이 실험하려고 지구에 와서 사람들을 잡아가는 영화가 떠올랐어요. 불현듯 어렸을 때 백과사전에서 본 해부학 그림도 덩달아 떠올랐어요. 시호는 몸서리를 쳤어요. 학교도 학원도 다니기 싫어 꾀병을 부렸지만 그렇게 오래 입원할 생각은 아니었어요. 엄마, 아빠 생각에 눈물이 핑 돌았어요. 그러거나 말거나 여자아이는 두 손으로 시호의 양 옆구리를 건드렸어요.

"크크크크."

시호는 아프다기보다는 간지러워서 견딜 수가 없었어요. 여자아이는 긴 머리가 눈을 가리는지 푸푸 거리면서 입으로 머리카락을 연신 불었어요.

"으으으으읍."

"정말 시끄러운 여자애네. 소리 안 지르겠다고 약속하면 말할 수 있게 해 줄게."

큰 인심을 쓰듯 여자아이는 시호에게 말했어요. 시호는 고개를 끄덕였어요. 고개를 끄덕임과 동시에 옴짝달싹 안 하던 입술이 벌어졌어요.

"곧 엄마가 올 거야. 지구인 엄마가 얼마나 무서운지 모르지? 내가 너한테 몹쓸 일을 당한 줄 알면 어느 별이든 쫓아갈 사람이 바로 우리 엄마라고."

무슨 용기가 났는지 시호는 술술 거짓말을 했어요.

"엄마라는 지구인이 그렇게 무서워? 근데 무슨 일을 당한다는 거야? 난 단지 지구인의 몸을 만져 보고 싶었을 뿐이라고."

여자아이는 어깨를 으쓱거렸어요. 시호는 괜한 상상을 한 것이 조금 부끄러웠어요. 하지만 의심의 눈초리는 거두지 않았어요.

"야! 그렇게 함부로 몸을 만지면 성추행이야. 이런 변태!"

"성추행? 변태?"

여자아이는 무슨 뜻인지 몰라 갸웃거렸어요.

"네가 어느 별에서 왔는지는 모르겠지만 지구인에 대해 알고 싶으면 장례식장으로 가 봐. 거기 가면 쉽게 알 수 있을 거야."

시호는 여자아이를 병실에서 내보내고 싶어 얼렁뚱땅 둘러댔어요. 여자아이가 나간 사이에 집으로 도망갈 생각이었거든요.

"정말? 장례식장에 가면 지구인 몸에 대해 구석구석 알 수 있단 말이지."

여자아이는 쿡 웃었어요. 자기 별로 돌아간다는 생각에 들떠서인지 별다른 의심을 하지 않았어요.

"1층 안내실에 가서 물어보면 알려 줄 거야. 우리 엄마 오기 전에 얼른 가."

엄마 핑계를 대면서 시호는 빨리 가라고 손짓을 했어요.

여자아이가 가고 난 후, 환자복 위에 겉옷을 겨우 입은 시호는 병실 문을 빼꼼 열었어요. 여자아이는 보이지 않았어요. 아직도 여자아이의 손가락을 생각하면 무서움이 왈칵 몰려왔어요. 아까는 무슨 정신으로 여자아이를 대했는지 기억조차 나지 않았어요.

시체실은 어디에?

엘리베이터를 타고 1층으로 내려온 시호는 빠른 걸음으로 대기하고 있던 택시 손잡이를 잡았어요. 그런데 시호의 팔을 잡는 또 다른 손이 있었어요. 시호는 소스라치게 놀랐어요.

"나 좀 도와줘."

아까 그 여자아이였어요. 땀을 흘렸는지 긴 머리카락이 거미줄처럼 얼굴에 붙어 있었어요. 여자아이 뒤로 화가 난 아저씨가 쫓아오고 있었어요.

"대체 뭐라고 했기에 아저씨가 쫓아오는 거야?"

"별말 안 했어. 살아 있는 지구인을 만지면 호들갑을 떠니까 죽어 있는 지구인을 만져 보고 싶다고 했어. 때마침 옆에 나이 든 지구인 사진도 있고 해서 그 지구인 시체를 만져 보려고 아주 약간 노력을 했을 뿐이라고."

안 봐도 그 상황이 시호의 머릿속에 그려졌어요. 머리가 산발인 여자애가 슬리퍼를 질질 끌고 와서는 돌아가신 분을 보여달라고 떼를 썼을 게 뻔했어요.

"이 녀석! 당장 경찰서에 가자. 남의 장례식장에 와서는 난장판을 만들어?"

어느새 여자아이의 어깨를 잡은 아저씨가 씩씩거렸어요. 시호는 눈을 질끈 감고는 "끼어들지 말자, 끼어들지 말자"를 계속 중얼거렸어요. 시호의 팔을 잡은 여자아이의 손이 바르르 떨렸어요. 시호는 여자아이가 괜스레 짠했어요. 거짓말을 한 시호가 나쁘긴 했지만 그렇다고 정말 장례식장에 갈 줄은 몰랐어요.

"죄송합니다. 이 아이가 아주 아파서 그래요. 용서해 주세요."

시호는 고개를 숙이며 연신 죄송하다고 말했어요. 여자아이는 멀뚱히 서

있다가 시호를 따라 했어요.

"장례식장에 얼씬도 못 하게 해. 한 번만 더 걸리면 그땐 봐 주지 않을 거야."

아저씨는 마지못해 돌아섰어요.

"이런 바보! 시체는 시체실에 있지."

시호는 아차 싶었어요.

"뭐? 장례식장이 아니고 시체실? 어쩐지 이상했어. 날 감쪽같이 속였단 말이지."

여자아이 목소리가 차가웠어요.

"그게 말이지. 시체실은 가 본 적도 없고……. 우린 서로 모르는 게 많잖아. 이쯤에서 헤어지는 게 서로에게 좋지 않을까?"

시호는 뒷걸음질을 쳤어요.

"앞장서. 내 이름은 하라. 넌 시호."

"내 이름은 어떻게 알았어? 웬 하라?"

"내 진짜 이름을 말하면 사흘 밤낮을 외워도 다 못 외울 거야. 그러니까 간단하게 하라고 불러."

시호는 병실 벽에 붙어 있던 액자 속 구절이 떠올라 피식 웃었어요.

> 세상을 구하라!

"시체실까지만 데려다줘. 그럼 더는 귀찮게 하지 않을 테니까."

하라는 벌써 저만큼 걸어가고 있었어요. 시호는 툴툴거리며 마지못해 뛰어갔어요.

하라의 비밀노트

시체 해부는 아무나 할 수 있다?

우리나라의 시체 해부 및 보존에 관한 법률에 따르면 해부학, 병리학, 법의학을 전공한 교수진만 해부를 할 수 있다고 되어 있어요. 또한 의학을 전공하는 학생들은 교수진의 지도하에 해부를 할 수 있었지요. 하지만 이후에 시체 해부 및 보존에 관한 법률이 개정되면서 보건복지부 장관이 지정한 의사도 해부를 할 수 있게 되었어요.

그리고 고인이 별도로 유언을 남기지 않아도 살아 있을 때 문서로 동의를 했을 경우 시체 해부를 위해 시신 기증을 할 수 있게 되었답니다.

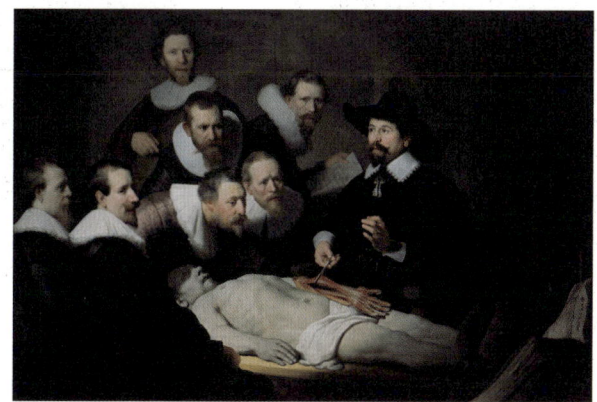

렘브란트가 그린
〈해부 실험〉

외계인 소녀 하라를 따라 의학의 역사 속으로!

시체실은 병원 건물 지하에 있었어요. 지나가는 개미조차 없을 정도로 조용했지요. 시호는 지하로 들어가기 전에 벌써 다리가 덜덜 떨렸어요.
"그 머리 좀 묶으면 안 돼? 귀신 같아서 더 무섭잖아!"

시호는 하라의 치렁치렁한 머리를 잡아당겼어요. 그런데 하라가 퍽 쓰러지면서 계단을 구르는 게 아니겠어요?

"야!"

덩달아 시호도 계단을 뛰다시피 내려갔어요. 쿵! 소리와 함께 하라가 멈췄어요. 덩달아 시호도 멈췄어요. 그곳은 너무 어두워서 아무것도 보이지 않았어요.

"제일 중요한 곳을 만지면 어떡해!"

깨어난 하라는 버럭 소리를 질렀어요. 하라의 말에 따르면 하라의 종족은 머리에 곤충처럼 두 개의 더듬이가 있는데, 그 더듬이의 능력이 상상 이상이라고 했어요. 그래서 지구인에게 들키지 않으려고 긴 머리를 하고 있었던 거죠. 그런데 하필이면 시호가 머리카락과 함께 늘어진 더듬이를 잡아당긴 거였어요.

"불도 안 켜져 있고 여기 뭔가 이상해."

더듬거리던 시호 손에 뭔가가 만져졌어요. 그때 하라의 머리 위에서 더듬이가 횃불처럼 환하게 빛났어요. 그곳에는 수많은 액자가 나란히 걸려 있었어요. 액자 속에는 각기 다른 사람의 얼굴이 그려져 있었어요.

"아무래도 시체실이 아닌 거 같아. 네가 더듬이를 만지면서 다른 곳으로 온 거 같단 말이지. 과거 또는 미래? 상상의 세계?"

하라의 말에 시호의 얼굴이 울상이 되었어요.

"다시 돌아가자."

더듬이를 만지려고 시호가 까치발을 들자, 하라는 잽싸게 한 걸음 뒤로 물러났어요.

내가 제일 잘 나가

"시끄러워!"

쩌렁쩌렁한 목소리에 시호와 하라는 움찔했어요. 액자 속 사람들이 일제히 귀를 막으면서 웅성거렸어요. 시호와 하라는 깜짝 놀라서 같이 소리를 질렀어요.

"아~~~악!"

그러자 액자 속 사람들이 조용해졌어요. 그중 첫 번째 액자 속 사람이 투덜거렸어요.

"사람들은 왜 나를 인정하지 않는 거야. 쳇!"

"투덜거리지 마. 이러니저러니 해도 의학의 아버지는 변하지 않는다고."

"인간도 아닌 주제에 인간들 일에 끼어들지 마."

"잘난 척하기는~ 겸손을 알아야지, 겸손을."

두 개의 액자는 서로 지지 않고 한마디씩 쏟아냈어요. 시호와 하라는 안절부절못했어요.

"환영하네. 이곳은 아무나 들어오는 곳이 아닌데 운이 좋아."

첫 번째 액자 속에서 손이 쏙 나왔어요. 얼떨결에 악수를 한 하라가 손을 탁탁 털었어요.

액자를 바라보던 시호의 눈이 반짝였어요. 액자 바로 밑에 희미하게 아스클레피오스라는 이름이 보였거든요.

"나 아스클레피오스가 누군지 알 거 같아. 의술의 신이라고 책에서 읽었던 기억이 나."

"그래! 역시 나를 알아봐 주는군. 나로 말할 것 같으면 아폴로 신의 아들이자 의술이 뛰어난 신이지. 아들들도 외과와 내과를 담당하는 신이 되었고 딸들도 건강과 약을 담당하는 신이 되었어. 한마디로 의사 집안이야. 하하."

"증거 있어? 신들의 이야기는 그냥 내려오는 이야기일 뿐! 믿을 수가 있어야지."

두 번째 액자 속 사람이 빈정거렸어요.

"너야말로 뭐가 그리 잘났어? 다 내 덕분에 인간들이 아프지 않고 지낼 수 있는 거야."

아스클레피오스가 콧방귀를 뀌었어요.

"얘들아~ 너희 의학의 아버지라고 들어 봤지?"

시호랑 하라는 고개를 잘래잘래 흔들었어요. 두 번째 액자 속 히포크라테스는 인상을 찌푸렸어요.

"그럼 의학을 공부하는 학생들이 마지막 졸업식에서 한다는 그 유명한 '히포크라테스 선서'는 알고 있겠지?"

"아, 알아요. 사촌 오빠 졸업식에 갔다가 본 거 같아요. 근데 그게 뭐요?"

"뭐라니? 내가 그 정도로 위대하다는 얘기잖아. 최초의 의학 전집인『히포크라테스 전집』도 있다는 사실!"

히포크라테스는 거드름을 피웠어요.

"책은 나도 쓸 수 있어요. 당신이 뭘 했는지 우린 모른다고요."

"맞아."

하라의 말에 시호는 맞장구를 쳤어요. 쌤통이라는 듯 아스클레피오스가 비웃었어요.

"내가 살던 시대로 돌아갈 수도 없고 정말 답답하군. 하지만 확실한 건 모든 질병을 신들만이 고칠 수 있다고 믿었던 사람들의 마음을 바꾸게 했다는 점이지. 사람도 질병을 치료할 수 있다는 것을 내가 보여준 거야. 또한 나는 평생 환자를 연구했어. 병을 고칠 수 있는 의료기구도 만들고 제자들에게 환자를 대하는 바람직한 자세를 가르쳐 주었단 말이야. 그런 내용을 일일이 다 기록해 두었다가 다음 세대 의사들에게 도움을 주었다면 좀 이

아스클레피오스   히포크라테스

해가 되나?"

하라의 더듬이가 빠르게 움직였어요. 시호는 입을 크게 벌리고 고개를 끄덕였어요. 히포크라테스는 시호의 얼굴을 보고는 만족스러운 표정을 지었어요.

"잠깐! 그럼 당신이 나타나기 전에 지구인들은 신들만 믿고 있다가 다 죽었단 말이에요?"

흘러내린 머리카락을 귀에 꽂으며 하라가 눈을 동그랗게 떴어요.

"그렇지. 병에 걸리면 사람들은 신이 내린 벌이라고 생각하고 신에게 기도를 드렸지. 자연적으로 나았더라도 그건 다 신의 능력이라고 믿었던 거지. 신들을 믿었던 시대에는 신전이 수도 없이 많았어."

히포크라테스는 코가 간지러워 실룩거렸어요. 그때 세 번째 액자 속에서 박수 소리가 들려왔어요.

"존경하는 히포크라테스 님! 히포크라테스 님은 저에게 많은 영향을 주셨지요. 하지만 히포크라테스 님보다 위대한 사람은 바로 접니다. 이제 제 자랑을 해도 될까요? 흠흠."

목소리를 가다듬은 액자 속 인물은 바로 갈레노스였어요.

"나로 말할 것 같으면 히포크라테스와 어깨를 나란히 할 정도로 위대한 의사지. 로마 최고의 의사이며 의사의 왕자라 불릴 정도면 어느 정도인지 알 수 있겠지? 책을 자그마치 60권 이상이나 썼으며 로마 황제의 주치의를 맡기도 했단다. 외과 의사로서는 탁월한 재능을 가졌지."

"로마 시대요? 그때도 외과 의사가 있었어요?"

시호는 로마 시대라는 말에 호기심을 드러냈어요.

"당연하지. 난 그때 검투사 학교의 외과 의사를 하면서 많은 외상을 치료하게 되었고 몸속을 들여다볼 기회도 많았어. 상처를 꿰매는 일부터 방광에 생긴 돌멩이를 치료하고 어긋난 뼈를 치료하는 것까지 수많은 치료법을 개발한 사람이 바로 나 갈레노스란 말이지."

"와아! 그럼 지구인의 몸속을 잘 알겠군요. 지구인의 몸속은 어땠나요?"

하라가 액자 앞으로 바짝 다가섰어요.

"아쉽게도 사람 시체를 해부하는 것은 불법인 시대였어. 하지만 아쉬운 대로 파헤쳐진 무덤이나 범람한 강에서 떠내려온 시체를 통해서 사람의 뼈를 볼 수는 있었지."

"에잇. 난 또 해부라도 해 본 줄 알았죠."

실망한 하라가 다른 액자를 기웃거렸어요.

"흠흠. 그래도 원숭이나 돼지 등의 동물 해부를 통해서 알게 된 중요한 사실을 사람들에게 전파하는 것을 마다하지 않았다고. 그뿐인 줄 아니?

클라우디오스 갈레노스

1547년 베니스에서 출판된 갈레노스의 의술서 『오페라』의 표지

라파엘로가 그린 아테네 학당의 아리스토텔레스 (아리스토텔레스 표시됨)

나의 업적을 얘기하자면 끝이 없어."

가만히 듣고 있던 시호는 감탄사가 절로 나왔어요. 갈레노스란 의사는 정말 대단하다는 생각이 들었거든요.

"그런데 해부학이란 말은 누가 처음 쓰기 시작한 걸까?"

하라는 많고 많은 액자를 쭉 훑어보며 혼잣말을 했어요.

"그야 바로 나지."

기지개를 켜던 액자 속 아리스토텔레스가 냉큼 대답했어요.

"오! 아리스토텔레스라면 누구나 다 아는 철학자잖아."

반가운 마음에 시호가 나섰어요.

"옛날 지구인들은 철학과 의학을 같이 공부했나 보군. 나름 똑똑하단 말이야."

하라는 시호를 데리고 아리스토텔레스가 있는 액자를 지나 어떤 액자 앞에서 멈춰 섰어요.

"베살리우스? 별 이름 같아."

"왜, 집이 그리운 거야? 지금이라도 늦지 않았어. 지구인 공부는 그만하고 그리운 별로 돌아가셔."

시호는 하라 어깨를 토닥였어요.

"그런 거 아니거든!"

하라는 신경질적으로 시호 손을 쳤어요.

"내 이름은 안드레아스 베살리우스. 그렇지 않아도 숙녀분들에게 할 얘기가 있었는데 여기까지 와 주다니 감사하군."

시호와 하라는 친절함이 배어 있는 목소리에 한번 놀라고 할 말이 있다는 말에 두 번 놀랐어요.

"혹시 지구인에 대한 놀라운 비밀이라도 알고 계시나요?"

더듬이를 쫑긋 세운 하라가 목소리를 낮췄어요. 시호도 궁금한 나머지 귀를 쫑긋 세웠어요.

하라의 비밀노트

해부에 꼭 필요한 도구

해부를 할 때는 맨손으로 하는 것이 아니라 다양한 도구를 이용해요. 해부 가위, 해부 칼, 해부 핀셋, 해부침, 지혈 집게, 끌 등을 이용하지요. 해부 도구는 무엇보다 소독 상태가 중요해요. 제대로 소독이 되어 있지 않은 도구는 사용하지 않아야 해요. 자칫 환자에게 치명적인 바이러스를 옮기거나 합병증을 일으킬 수 있거든요.

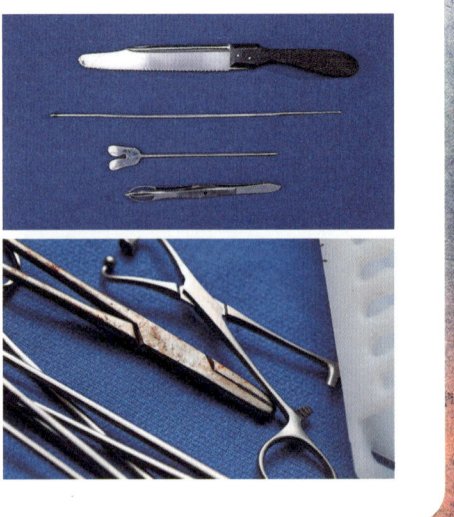

"비밀이라기보다는 갈레노스의 주장이 틀렸다는 것을 알려주고 싶군."

"의사의 왕자 갈레노스요? 히포크라테스와 어깨를 나란히 할 정도로 뛰어난 의사가 틀렸다니 말도 안 돼요."

손사래를 치며 시호는 웃었어요.

"내가 갈레노스와 다른 점이 있다면 직접 사람을 해부해 봤다는 것이지. 갈레노스는 원숭이나 돼지를 해부하였기에 그의 연구 결과는 사람하고는 다를 수밖에 없었어. 특히 턱뼈와 심장 가운데에 있는 벽에 대한 갈레노스의 주장은 틀렸단다. 턱뼈를 예로 들면 동물의 턱뼈는 대부분 두 개인 반면 사람의 턱뼈는 해부해 본 결과 하나였다는 거지."

"해부해 본 게 사실인지 어떻게 믿어요?"

하라는 못 믿겠는지 이맛살을 찌푸렸어요.

"음…… 이런 말까지는 하고 싶지 않았지만 날 '근대 해부학의 아버지'라고 부른다지. 난 책으로만 보는 것이 아니라 직접 해부를 해 봐야 한다고 생각한 사람이야. 그래서 공동묘지에서 시체를 훔치거나 사형수들의 시체를 찾아서 해부했지."

안드레아스 베살리우스

"정말 짱이에요. 나 같으면 무서워서 공동묘지는커녕 시체만 봐도 기절했을 텐데."

시호는 엄지손가락을 치켜세웠어요.

"베살리우스로 인해 지구인들의 해부학이 발전한 거로군. 그래서 지구인의 몸속은 어떻다는 거지? 나도 시체를 훔쳐야 하는 거야?"

하라의 혼잣말을 듣고 시호는 하라의 옆구리를 꼬집었어요.

"훔치기만 해 봐!"

"알았다고, 알았어."

하라는 마지못해 대답했어요.

"자, 이건 내가 주는 선물이다."

베살리우스는 두툼한 책을 한 권 내밀었어요. 책 표지에는 '인체의 구조에 관하여'라고 쓰여 있었어요.

"인체의 구조에 대해 자세하게 나와 있는 나의 책이다. 이것만 있으면 시체를 굳이 훔치지 않아도 될 거야."

하라는 팔짝거리면서 좋아했어요.

"사람 몸을 그리려면 그림 솜씨도 좋아야 할 거 같아. 옛날 화가들도 이런 그림들을 그렸을까?"

갑자기 궁금해진 시호가 하라를 보면서 물었어요.

"내가 어떻게 알아. 지구인인 너도 모르는데."

하라는 입술을 삐죽거렸어요.

액자를 쭉 둘러보던 시호가 고개를 갸우뚱거렸어요. 레오나르도 다빈치,

미켈란젤로, 라파엘로, 렘브란트 모두 유명한 화가들이었거든요.

"뭔가 있을 거 같아. 내 촉이 그렇다고 말하고 있단 말이지."

시호는 골똘히 생각했어요. 하지만 아무런 공통점도 찾을 수가 없었어요.

"혹시 말이야. 이건 정말 혹시나 해서 물어보는 건데 이 화가들도 해부학을 공부했거나 해부를 해 본 사람들 아냐?"

눈을 꼭 감고 있는 액자 속 화가들을 하나하나 쳐다보며 하라는 탐정처럼 말했어요.

"빙고! 하아~~암."

하품을 늘어지게 하던 액자 속 화가들이 저리 가라는 손짓을 했어요. 시호와 하라는 오리걸음을 하고 천천히 액자들을 지나쳐 갔어요.

"아우 다리야."

"그러게, 이게 무슨 고생이야."

시호는 다리가 저려 일어섰어요. 그런데 그만 중심을 잃고 하라 위로 고꾸라지면서 자기도 모르게 더듬이를 덥석 잡았어요.

"어, 어!"

처음 지하실을 내려올 때처럼 하라는 퍽 쓰러졌고 깜깜해진 지하실은 앞이 보이지 않았어요. 시호는 덜컥 겁이 나서 눈을 꽉 감았어요.

얼마나 지났을까요? 눈앞이 환해졌어요. 하라의 목소리도 쟁쟁하게 들렸어요.

"말도 지지리도 안 들어. 더듬이 잡지 마라니까!"

하라는 베살리우스가 준 책을 보물처럼 꼭 껴안고 있었어요.

"어쨌든 돌아왔으니 된 거지."

시호도 지고 싶지 않아 큰소리를 쳤어요.

하라와 시호는 터덜터덜 병실로 향했어요. 시호는 엘리베이터를 타면서 무심코 말을 했어요.

"그런데 말이지. 생각해 보니까 병원에 다 있더라고."

레오나르도 다빈치(이탈리아, 1452~1519)의 자화상

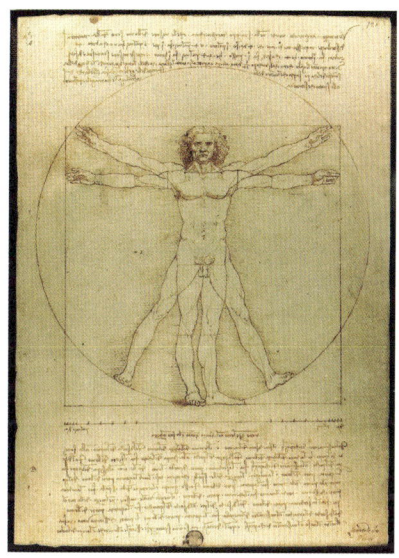

레오나르도 다빈치의 소묘 작품인 '비트루비우스의 인체 비례'

미켈란젤로(이탈리아, 1475~1564)

렘브란트(네덜란드, 1606~1669)

하라의 비밀노트

빛을 이용한 우리 몸 진단 장비

광선의 성질을 이용한 진단기기의 등장은 의학의 발달을 이끌었어요. 현재 사용하는 가장 대표적인 진단기기로는 엑스선(엑스레이, X선 촬영장치), CT(컴퓨터 단층 촬영장치), MRI(자기공명 단층 촬영장치), PET(양전자 단층 촬영장치) 등이 있어요. 빠른 전자를 물체에 충돌시킬 때 투과력이 강한 복사선(전자기파)이 방출되는데, 이 복사선을 엑스선 또는 엑스레이(x-ray)라고 해요. 1895년 뢴트겐이 발견했죠. 엑스선은 물질을 통과하면서 흡수되어 약해지는데, 두꺼운 부위를 통과한 엑스선은 필름에 도달하지 못해 그 부분은 하얗게 되고, 얇은 부위를 통과한 엑스선은 필름에 많은 양이 도달해 까맣게 됩니다.

CT는 엑스선을 이용하여 인체의 횡단면상의 영상을 획득하여 진단에 이용하는 검사예요. 단순한 뼈 사진만 찍는 데 사용되는 엑스선이 한 방향의 정보(평면적)만 보여준다면, CT는 이러한 엑스선을 이용하여 인체 내부의 입체적인 정보를 보여주는 장치라고 할 수 있어요.

MRI는 자력에 의하여 발생하는 자기장을 이용하여 생체의 임의의 단층상을 얻을 수 있는 첨단의학기계, 또는 그 기계로 만든 영상법이에요. 엑스선 같은 이온화 방사선이 아니라서 인체에 무해하고, CT보다 해상도가 뛰어나지요.

양전자 단층 촬영장치인 PET는 방사성 동위원소를 인체에 투여한 후 인체 내에서 발생하는 방사능 분포를 영상화하는 방법으로 암을 진단하는 장비예요. CT나 MRI가 조직의 구조만 보여주는 데 비해, PET는 인체의 생화학적인 활성도를 보여준다는 점에서 커다란 장점이 있지요.

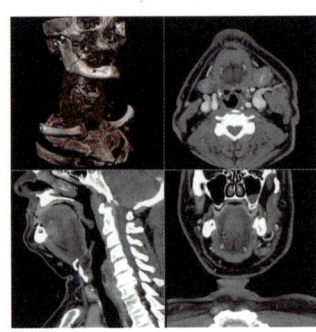

CT 진단용 소프트웨어의 화면

"뭐가 있는데?"

"사람 몸을 볼 수 있는 기계들 말이야."

"?"

"너는 지구인이 아니라서 잘 모르겠지만, 지난번에 병원에 입원했을 때 방사선 사진을 찍어서 가슴도 봤었고, 지지난번에는 CT라는 것도 찍었거든. 그거 찍으면 뼈도 보이고 다른 장기도 다 보이더라고. 아, 그리고 MRI로 머리도 찍었어."

하라 얼굴이 붉으락푸르락했지만, 시호는 눈치를 채지 못했어요.

"엄마 배 속에 있었을 때는 초음파로 날 봤다고 하던데. 뱃속 아기 사진도 찍어주고 말이야. 너한테 진작 알려줄걸. 그때는 왜 기억이 안 났을까?"

마지막 말까지 하고 시호는 하라를 바라봤어요. 하라는 화가 많이 났는지 머릿속에 숨겨져 있던 더듬이가 뽀쪽 올라와 있었어요.

"하…… 하라야. 왜…… 왜 그래? 무섭게."

하라가 검지를 움직이려던 찰나에 띵 소리와 함께 엘리베이터 문이 열렸어요. 시호는 빛보다 빠르게 병실을 향해서 달려갔어요.

인물로 보는 의학사

히포크라테스
(기원전 460?~377?)
의학의 아버지
히포크라테스의 선서,
4체액설

아리스토텔레스
(기원전 384~322)
해부학이라는 말을 처음 사용

베살리우스
(1514~1564)
해부학의 아버지

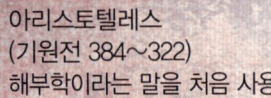

제너
(1749~1823)
종두법 개발

기원전 10세기 | 129~199년 | 1500년 | 1557년 | 1628년
BC —— AD ————————————————————————
기원전 460~377년 | 기원전 350년 | | 1514~1564년 | | 1796년

파라셀수스
(1493~1541)
수많은 약물 개발

파레
(1517?~1590)
외과학의 아버지
『파레 전집』 출간

갈레노스(129~199)
의학의 왕자

하비(1578~1657)
생리학의 아버지
피가 심장을
중심으로 순환한다는
사실을 밝힘

아스클레피오스
고대 그리스 의술의 신

피르호(1821~1902)
병리학의 아버지
『세포병리학』출간,
의학은 사회과학이라 주장,
백혈병, 병적 종양,
색전증 연구

멘델(1822~1884)
유전학의 아버지
유전의 원리를
과학적으로 규명

한센(1841~1912)
한센병의
원인균을 발견

파스퇴르(1822~1895)
탄저, 광견병,
닭콜레라 백신 발견

칼메트와 게랭
BCG(결핵
예방백신) 개발

예르생
(1863~1943)
페스트
원인균 발견

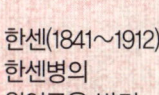

1865년　　1843~1910년　　　1898년　　　1983년

1858년　1865년　1871년　　1880~1882년　1894년　　1921년

리스터(1827~1912)
무균 처리법 발견

베르나르
(1813~1878)
실험 생리학의
방법론 확립

코흐(1843~1910)
결핵균(1882),
콜레라균(1885) 발견

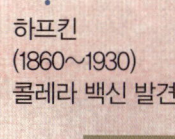

하프킨
(1860~1930)
콜레라 백신 발견

몽타니에(1932~)
에이즈의 원인
바이러스 발견

토론왕 되기!

선사시대에도 치료법이 있었을까?

선사시대란 어떤 시대를 말하는 것인지 생각해 본 적이 있나요? 누군가는 최초의 시대라고 말할지도 몰라요. 하지만 선사시대란 글로 기록하기 이전의 시대를 말해요. 그러므로 선사시대는 지역마다 다를 수 있어요.

선사시대에는 질병에 걸리거나 다치게 되면 바로 병원에 갈 수 있는 시스템이 없었기 때문에 그 시대에 맞는 치료법을 활용했어요. 어떤 치료법으로 질병과 상처를 다스렸는지 한 번 알아볼까요?

선사시대 사람들은 수렵과 채집을 통해서 먹고 살았어요. 그래서 한 곳에 정착하지 않고 무리를 지어 떠돌아다녔어요. 그때그때마다 먹을 것을 찾아 이동하는 생활이 건강에 도움이 되기도 했지요. 가축을 기르는 일도 없어 동물로부터 질병이 옮는 일도 드물었다고 해요. 이동생활의 큰 장점은 물이 더러워지거나 사람들의 배설물과 동물 뼈로 인해 벌레가 발생하기 전에 다른 곳으로 이동할 수 있다는 점이에요. 그래서인지 홍역이나 인플루엔자, 수두 같은 질병에 잘 걸리지 않았어요. 그렇다고 해서 선사시대 사람들이 질병에서 자유로웠다는 말은 아니에요. 안타깝게도 그 시대에 살았던 사람들의 유골을 통해서는 어떤 치료방법을 썼는지 알 수가 없었어요. 단지 짐작할 수 있는 것은 식물의 꽃과 뿌리 같은 약초를 사용해서 치료했을 거라는 점이지요.

선사시대에도 외과 수술을 했다면 믿을 수 있겠어요? 선뜻 믿을 수 없는 일이지만 사실이에요. 선사시대의 유골 가운데 '천공' 흔적이 있는 유골을 간혹 볼 수 있다고 해요. 천공 수술이란 압력이 높아진 두개골의 옆구리 부분을 날카롭고 딱딱한 도구로 뚫는 수술이에요. 천공 수술을 받은 환자는 며칠 동안 의식을 찾지 못했지만 곧 회복되어 일상생활이 가능했다고 전해져요.

선사시대에는 지역마다 의술 방법이나 치료에 대처하는 방법이 달랐어요. 오스트레일리아 원주민의 경우 가벼운 화상에는 아까시 나무 껍질을 이용했다고 해요. 아까시 나무의 껍질에는 '탄닌' 성분이 있어 살이 돋는 것을 돕는다고 해요. 오스트레일리아 원주민은 심리치료 즉 마음 치료를 신체 치료만큼 중요하게 여겼어요. 병을 고치려면 환자 자신의 문제를 해결해야 한다고 생각한 거죠. 그런 원주민에게 주술사는 큰 도움을 주었어요. 주술사의 의식에는 여러 가지가 있는데 환자가 편안함을 느낄 수 있게 명상을 하기도 하고 노래와 춤, 안마, 또는 심리요법을 사용해서 치료를 하기도 했어요.

아메리카 원주민들은 자연에서 나는 식물을 이용해 약을 만들거나 연고를 만들었어요. 기침에는 벚나무 껍질을 달여 마셨고 타박상이 생기면 수렴 효과와 진정 효과가 뛰어난 식물 성분인 위치 헤이즐을 사용하기도 했어요. 이때 원주민이 사용했던 치료제가 지금까지도 사용되고 있다니 놀라운 일이 아닐 수 없지요. 아메리카 원주민들은 매우 청결했어요. 몸을 깨끗이 닦는 것을 좋아했고 집 안을 깨끗이 해서 질병을 예방했어요. 뿐만 아니라 아메리카 원주민들은 영혼이나 정령에 대한 강한 믿음을 갖고 있었기에 주술사도 있었다고 해요. 주술사가 되려면 약초를 잘 다룰 줄 알아야 했고 의식에 필요한 도구도 만들 줄 알아야 했어요. 또한 결혼을 하지 않고 혼자 살아야 했지요.

약용 식물인 위치 헤이즐

퀴즈

옛날부터 시작된 인체의 탐구는 끊임없이 이루어졌어요. 수많은 사람들이 밤을 새며 인체의 신비를 밝히려고 했지요. 다음 중 의학 및 해부학의 발전에 기여하지 않은 사람은 누구일까요?
정답을 모두 찾아 보세요.

❶ 히포크라테스

❷ 아스클레피오스

❸ 베살리우스

❹ 갈레노스

정답: ② 아스클레피오스는 그리스 신화 속 의술의 신으로 실존 인물 및 해부학에 기여한 사람이 아닙니다.

2장

인체의 신비 속으로

피부과에서 생긴 일

후다닥 뛰어온 시호가 병실 문을 벌컥 열었어요. 그러더니 장승처럼 서서 움직일 생각을 안 했어요. 뒤따라 뛰어오던 하라는 시호 등에 부딪혀 뒤로 벌렁 넘어졌어요.

"너, 일부러 서 있는 거지?"

하라는 아픈 엉덩이를 살살 문질렀어요.

"엄마!"

지구에서 가장 무섭다는 엄마! 하라는 겁이 덜컥 났어요. 한편으로는 얼마나 무서운지 궁금하기도 했어요.

"오구오구 우리 딸. 아프다는 애가 대체 어디를 쏘다니는 거야?"

엄마가 시호를 안았어요. 그러는 바람에 시호 뒤편에 주저앉아 있던 하라랑 눈이 마주쳤어요. 하라는 침을 꿀꺽 삼켰어요. 하지만 엄마는 다른 지구인들과 별다른 게 없어 보였어요.

"에게, 그냥 지구인이잖아."

투덜거리면서 하라는 모녀 사이를 휙 지나갔어요. 침대에 앉은 하라는 시호와 시호 엄마를 곁눈질로 쳐다봤어요.

"오늘 종합검진을 받을 거야. 어디가 아픈지 알아야 치료를 하지. 곧 영재반 테스트인데 우리 딸 어쩌지?"

엄마는 시호 머리를 쓰다듬었어요.

"혼자 있고 싶어."

웃음기를 잃은 시호가 모로 누웠어요.

"어머! 이 상처는 뭐야?"

시호 손등에 있는 작은 상처를 보고 엄마는 호들갑을 떨었어요. 시호는 귀찮은지 대답이 없었어요.

"어머, 어머! 귀한 딸 손의 상처라니. 피부과부터 가야겠어."

"혼자 갈게. 병원에 한두 번 입원한 것도 아니고 알아서 갈 수 있어."

시호는 시큰둥하게 대답했어요.

"똑똑하기도 하지, 우리 딸."

엄마는 어딘가에 전화를 걸면서 병실을 나갔어요.

"엄마한테는 나밖에 안 보여. 그러니 너같이 이상한 애도 신경 안 쓰잖아. 한마디로 딸 바보야. 어떨 땐 숨이 턱턱 막힌다니까."

"딸 바보? 그게 뭐야?"

"그런 게 있어."

시호는 슬리퍼를 끌고 병실 문을 나섰어요. 하라도 시호 뒤를 따라갔어요.

"근데 어디 가?"

"피부과. 피부과가 뭐 하는 곳이냐고 물어볼 거지? 그건 의사한테 가서 직접 물어봐."

머쓱해진 하라가 쫄랑거리며 시호 곁에 바짝 붙었어요.

피부과에는 사람들이 많았어요. 사실 피부과에만 사람이 많았던 건 아니었어요. 종합병원에는 사람들이 바글바글했어요.

시호는 대기하고 있던 사람들을 침착하게 기다렸어요. 자기 차례가 되었는데도 가장 마지막에 진료를 받겠다고 우겼어요.

"병실에 가면 뭐해. 여기서 사람 구경도 하고 놀다 가자."

사람 구경을 하는 것이라면 하라도 대찬성이었어요.

"이시호 씨 들어오세요."

진료실에서 마지막 환자인 시호를 불렀어요.

"삼촌."

시호는 의사를 보자마자 방긋 웃었어요.

"그렇지 않아도 엄마 연락받았어. 많이 다친 거야?"

삼촌은 시호의 손등을 살펴봤어요.

"이런. 살짝 긁힌 걸 가지고 엄마가 그 난리를 쳤구나."

소독약을 가지고 온 삼촌이 시호의 손등을 소독해 주었어요.

"친구랑 같이 온 거야?"

"응. 같은 병실 쓰는 친구야. 의사가 꿈이라기에 데리고 와 봤어. 그렇지, 하라야?"

하라는 시호의 말에는 대답도 하지 않고 삼촌에게 가까이 다가갔어요.

"삼촌, 지구인 몸속은 어때요?"

당황한 삼촌이 의자를 슬그머니 뒤로 뺐어요.

"얘……얘가 요즘 우주와 외계인에 대해 공부를 하는지 자꾸 지구인, 지구인 그러네. 헤헤."

멋쩍은 웃음을 지으며 시호가 하라를 잡아당겼어요.

"삼촌은 나한테 삼촌이고 너는 의사 선생님이라고 불러야지."

"알았어."

말 잘 듣는 학생처럼 하라는 의자에 얌전하게 앉았어요.

"시호 친구는 호기심이 많은 친구구나. 음…… 내 전문 분야는 피부니까 사람 피부에 관해서 물어봐."

"삼촌, 난 사람마다 피부색이 다른 이유가 궁금해."

"의사 선생님. 시호 이마에 이상한 게 생겼는데 그건 뭔가요?"

"야! 그런 거 물어보지 마. 창피하단 말이야."

짧은 앞머리를 내리며 시호가 하라를 째려봤어요.

"아가씨들 성미가 급하네. 한 가지씩 차근차근 설명해 줄게."

삼촌은 서랍에서 달달한 사탕을 꺼내 주었어요. 시호는 냉큼 받아먹었지만 하라는 손에 꼭 쥐고 먹지 않았어요.

"우리 피부는 표피, 진피, 지방조직으로 이루어져 있어. 그중 가장 바깥에 위치한 표피층에 있는 멜라닌 색소의 양에 따라 희기도 하고 검기도 하고 붉은 피부가 되기도 하는 거야."

"여름 휴가 때 수영장에서 한참을 놀았더니 피부가 까맣게 탔어. 그것도 다 멜라닌 색소 때문인 거야?"

하라의 비밀노트

피부는 어떻게 아픔이나 따뜻함 등을 느끼는 걸까?

피부는 몸을 보호하고 체온을 조절하는 일도 하지만, 여러 가지 감각을 받아들이는 감각점(사람의 피부와 점막에 분포되어 냉각·온각·압각·통각을 느끼는 부위)이 있어 아픔과 따가움, 더위와 추위 등의 감각을 느낄 수 있어요.

우리 피부의 감각점에는 차가움을 느끼는 냉점, 따뜻한 것을 느끼는 온점, 아픈 것을 느끼는 통점, 물체가 닿는 것을 느끼는 압점, 감촉을 느낄 수 있는 촉점 등 다섯 가지 감각점이 있답니다. 이 감각점들은 여러 곳에 퍼져 있어요. 감각점들 중 가장 많은 것이 아픔을 느끼는 통점이고, 그다음에 압점, 냉점, 온점 순으로 퍼져 있답니다.

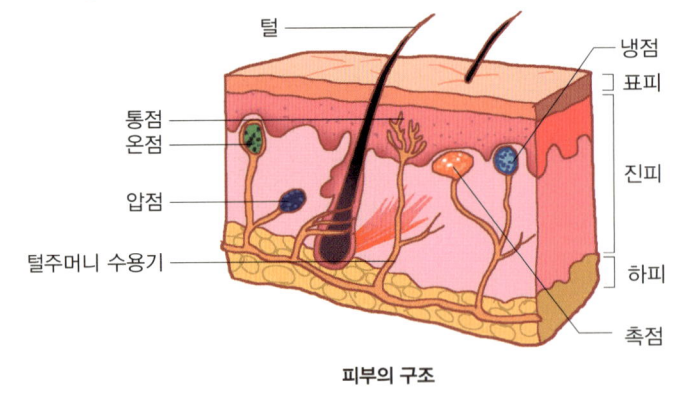

피부의 구조

"그렇지. 멜라닌 색소가 자외선으로부터 피부를 보호하려고 표피층으로 모여들게 되면 피부가 까맣게 변하는 거지."

"와아."

가만히 듣던 하라가 자기 피부를 쓰다듬었어요.

"시호 이마에 난 것은 아마도 뾰루지 같아. 표피 윗부분에는 털도 있지만 모공(털이 자라나는 입구)도 있어. 모공이 막히면 뾰루지가 되는 거야. 그래서 깨끗이 씻는 것이 중요하지. 피부 겉에 붙은 노폐물뿐만 아니라 세균들도 씻으면 떨어져 나가니까."

"누가 들으면 내가 안 씻는 줄 알겠어. 삼촌 너무해. 힝."

시호가 앵돌아졌어요.

"의사 선생님. 이건 뭔가요?"

하라는 자기 팔에 난 털을 가리키며 물었어요.

"아휴. 말끝마다 의사 선생님, 의사 선생님. 너도 그냥 삼촌이라고 불러."

답답했는지 시호는 자기 가슴을 쳤어요. 하라는 이랬다저랬다 하는 시호가 마음에 안 들었어요.

"그건 당연히 털이지. 머리카락도 털이야. 털은 피부를 보호해 주기도 하지만 체온을 조절하기도 해."

하라는 팔에 난 털을 잡아당겼어요.

"아야!"

많이 아픈지 하라 눈에 눈물이 맺혔어요.

"우리 피부에는 감각을 느낄 수 있는 다섯 가지 감각점이 있어."

"감각점요?"

"지금처럼 털을 잡아당겨서 느껴지는 아픔을 통점이라고 하고 차가움을 느끼는 것은 냉점, 간지러움을 느끼는 것은 압점, 따뜻함을 느끼는 것은 온점이라고 해. 거칠고 부드러움을 느끼는 것은 촉점이라고 하지. 그런데 말이지, 감각점들이 점점 세지면 모두 하나의 감각점으로 연결되는데 그게 바로 통점이야."

삼촌은 시계를 들여다봤어요. 꼭 약속이 있는 것처럼 말이죠.

"어떨 때 통점으로 연결되는 건데, 삼촌?"

"핫팩을 한 번 생각해 볼까? 처음엔 따뜻해서 좋지만, 점점 뜨거워지면서 피부에 닿는 것이 아프게 느껴지잖아. 바로 그런 거야."

시계를 계속 들여다보던 삼촌이 일어섰어요.

"자, 오늘은 여기까지. 삼촌은 약속이 있어서 그만 실례할게."

아쉬웠는지 하라가 삼촌 뒷모습에서 눈을 떼지 못했어요.

살아 있는 뼈

시호랑 하라는 이리저리 한가해진 병원 안을 돌아다녔어요. 하라가 아무 곳이나 들어가려고 하는 바람에 시호는 난처했어요. 하지만 하라가 싫지는 않았어요.

"어, 할머니!"

휠체어를 타고 가는 머리가 하얀 할머니를 보고 시호가 아는 척을 했어요.

"난 또 누구라고. 넌 또 입원했냐? 꾀병이 너무 잦아."

"그러는 할머니는요? 저한테 그런 말할 상황이 아니실 텐데요."

"예끼 이 녀석! 여전히 할미 놀리는 재미에 사는구나. 그나저나 심심하던 참인데 내 방에 놀러 오지 않으련?"

"정말요?"

"언제든 콜이지. 이 비서, 이 애들도 같이 내 방으로 갈 거니까 다과 좀 마련해 줘."

할머니를 따라간 병실은 VIP들만 쓴다는 넓은 방이었어요. 시호랑 하라는 두리번거리느라 분주했어요.

"병원이 뭐가 좋다고 자꾸 들락거려. 내가 십 년만 젊었어도 병원 신세는 지지 않았을 텐데 말이다."

"이번에는 왜 입원하셨는데요?"

빵을 먹는 시호 입이 터질 것 같았어요. 하라는 쭈뼛거리다가 시호를 따라 허겁지겁 빵을 먹었어요.
"뼈를 너무 오래 사용해서 뼈들이 이제 일하기 싫단다. 그래서 툭하면 부러지고 그러는 게야."
할머니는 다리에 깁스하고 있었어요. 아니나 다를까, 하라는 할머니를 유심히 쳐다보고 있었어요. 까딱하면 탄력 없는 할머니 피부를 만져 볼 태세였어요. 그때 똑똑 노크 소리가 들렸어요.

"담당의가 둘러보는 시간이야. 신경 쓰지 말고 어서들 먹어."

안경을 쓴 의사 선생님이 들어왔어요.

"회장님, 좀 어떠세요?"

"어떻긴 뭐가 어때? 그걸 알면 내가 의사 하지."

할머니는 시호에게 말할 때와는 다르게 퉁퉁거렸어요.

"규칙적으로 식사하면서 푹 쉬시면 뼈가 곧 붙을 거예요."

"진짜 뼈가 저절로 붙어요?"

하라가 벌떡 일어섰어요. 시호는 깜짝 놀라 하라의 어깨를 눌러 앉혔어요. 의사 선생님도 놀라기는 마찬가지였어요.

"내 손님들이야. 알아서 잘 대답해 줘."

"아, 네……."

안경을 만지면서 의사 선생님은 다른 의자를 끌어다 앉았어요.

"우리 몸의 뼈는 살아 있단다. 뼈는 그대로 멈추어 있는 것이 아니라 변하기도 하고 자라기도 하지."

"됐고. 뼈가 저절로 붙냐니까요?"

하라가 의사 선생님의 말씀을 무 자르듯 싹둑 잘랐어요. 시호는 예의 없는 하라가 신경 쓰였어요. 그래서 시호는 하라가 쥐고 있던 사탕을 얼른 까서 하라 입속에 넣어 주었어요. 그러자 하라는 신세계를 만난 것처럼 황홀한 눈빛이 되었어요.

"뼈는 겉으로 보기에는 딱딱해 보이지만, 안은 스펀지처럼 생겼지. 뼈의 구조를 보면 해면골, 치밀골, 골막으로 나뉘는데 우리가 생각하는 것보다

하라의 비밀노트

뼈들의 결합

뼈는 인체의 기둥과 같은 것이에요. 우리 몸을 지탱하고 중요한 기관을 보호하기 위해 수백 개의 뼈가 서로 맞물려 있지요. 뼈는 골막, 골조직, 골수로 되어 있어요. 그중에서 골조직은 치밀골(공간 없이 뼈 기질로 가득 찬 골조직)과 해면골(스펀지 모양의 엉성한 조직)로 이루어져 있죠.

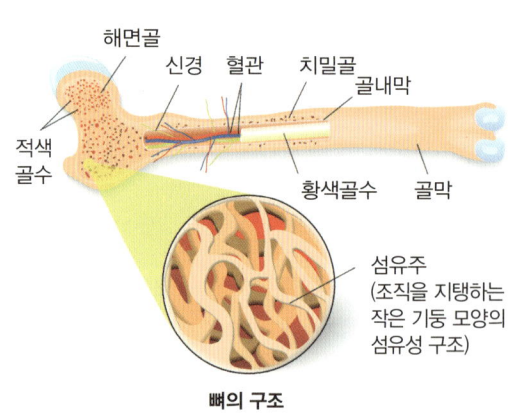

뼈의 구조

- **골막**: 뼈를 보호하고 혈관, 림프관 및 신경이 통과하는 바탕을 제공하여 근육이나 힘줄이 붙는 자리를 마련해요. 골절 시 뼈를 재생시키는 중요한 역할을 하죠.
- **골조직**: 뼈의 단단한 부분을 이루는 실질조직이에요. 뼈를 절단해 보면 바깥쪽은 치밀골, 안쪽은 해면골로 이루어져 있답니다.
- **골수**: 해면골의 엉성한 조직과 골수강을 메우는 조혈기(혈구를 만드는 기관)로, 적색으로 보이지만 조혈이 정지되면 지방조직으로 대치되어 황색으로 변한답니다.

뼈와 뼈는 서로 이어지는 방법이 달라요. 뼈들의 결합 방법은 연골 결합, 관절 결합, 봉합 결합 세 가지가 있어요. 가슴뼈와 갈비뼈처럼 연골로 이어진 경우를 연골 결합이라고 하는데 등골뼈가 여기에 해당돼요. 관절 결합은 목뼈처럼 빙빙 돌릴 수가 있어요. 봉합 결합은 머리뼈처럼 전혀 움직일 수 없는 뼈를 말해요.

복잡해. 아기였을 때는 약 300개의 뼈를 가지고 있지만 어른이 되면서 약 200개로 줄어들지. 더 정확히 말하면 206개란다."

"질문이요! 약 300개에서 200여 개로 줄어들면 나머지 다른 뼈들은 다 어디로 간 거예요?"

학교에서처럼 시호는 손을 번쩍 들었어요.

"자라면서 뼈들은 서로 붙어 버리는데 그러면서 숫자가 줄어들게 되는 거야."

"그래서 뼈는 저절로 붙는다는 거지?"

할머니가 하라 대신 대답을 재촉했어요.

"네. 뼈끼리 만나게 해 주면 혈액이 부러진 자리를 자연스럽게 메꾸고 새로운 뼈세포가 자라면서 자석처럼 달라붙어요. 깁스의 역할은 뼈가 제자리에 놓여 있도록 도와주는 겁니다."

의사 선생님은 안경을 벗었다 다시 썼어요.

"뼈가 없으면 어떻게 될까?"

사탕을 물고 있던 하라가 질문을 툭 던졌어요.

"그야 흐물흐물 유령처럼 되겠지. 히히."

"그래, 학생 말이 맞아. 뼈가 없으면 지탱해 주는 힘이 없어서 뱀처럼 기어 다니게 될 거야. 뼈는 뇌를 보호해 주기도 하는데 가슴뼈와 갈비뼈 같은 경우는 폐와 심장을 보호해 주지. 손에 뼈가 없다고 생각해 봐. 물건을 집을 수가 없겠지?"

"내가 아는 할멈은 연골 수술을 했다고 하던데 연골이 뭔지 애들한테 알려줘 봐."

"네, 회장님. 연골은 물렁뼈라고 부르기도 하는데 뼈와 뼈 사이에 있으면서 완충 역할을 해 주지. 연골이 없다면 뼈끼리 부딪치는 일이 발생할 거야. 아침에 키를 잴 때와 저녁에 키를 잴 때 차이가 나는 것도 다 연골 때문이지."

"엥? 그게 무슨 말이에요?"

궁금한 건 못 참는 하라가 의자를 바짝 당겨 앉았어요.

"그러니까 아침에 재는 키보다 저녁에 재는 키가 더 작다는 말이야. 연골이

하라의 비밀노트

연골이란?

연골은 연골세포와 연골기질로 구성된 조직으로 대개 관절의 일부를 이뤄요. 뼈와 뼈 사이에 있으면서 완충 역할을 해 준답니다.

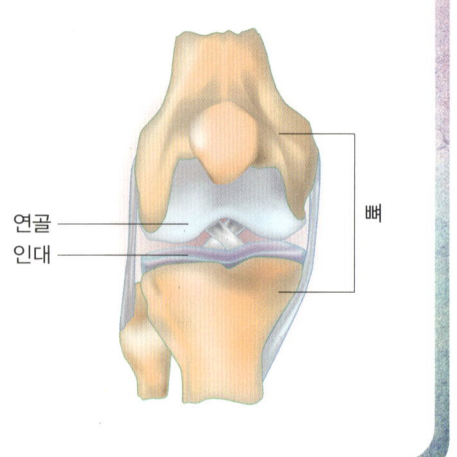

온종일 무게에 눌려 있으면 납작해지고 그만큼 키가 줄어든다는 말이지."

"아, 그래서 키 차이가 나는 거구나."

시호는 빙그레 웃었어요.

"무엇보다 성장기에 있는 너희들은 규칙적인 식생활과 운동으로 성장판을 자극해 주는 게 좋아. 그래야 키가 쑥쑥 크거든. 바른 자세도 매우 중요하지."

구부정하게 앉아 있던 시호랑 하라가 허리를 꼿꼿하게 폈어요.

"회장님도 쉬엄쉬엄 운동 좀 하세요. 그래야 우리 몸에 있는 약 600개나 되는 근육들이 움직이죠. 안 쓰면 근육은 줄어듭니다."

"돌팔이인 줄 알았더니 제법이야. 잔소리하는 걸 보니 갈 때가 됐구먼. 어여 돌아가."

할머니는 훠이훠이 팔을 휘저었어요. 의사 선생님이 가시고 난 후 시호와 하라도 병실을 조용히 나왔어요. 어느새 할머니가 꾸벅꾸벅 졸고 있었거든요.

병실에 도착한 하라는 시호 엄마가 온 걸 알고는 말없이 침대에 누웠어요. 우리 딸, 우리 딸 소리를 들으며 잠이 들었지요.

다음 날 아침 하라가 눈을 떴을 때 시호 침대는 텅 비어 있었어요. 화장실에도 없고, 대체 어디에 간 걸까요?

하라의 비밀노트

우리 몸의 근육

우리 몸에는 피부 밑에 약 600개의 크고 작은 근육이 있어요. 하지만 제멋대로 움직이는 근육은 하나도 없어요. 서로 조화롭고 균형 있게 움직이고 있답니다.

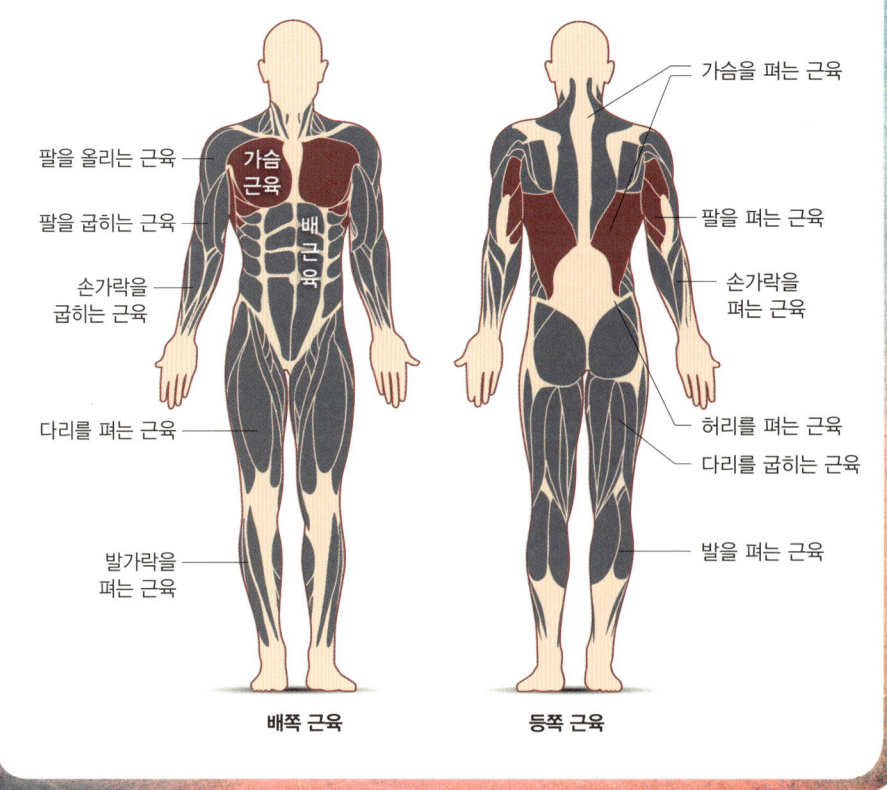

꼬마가 들려주는 몸속 이야기

시호를 찾아 나선 하라는 1층에서부터 8층까지 오르락내리락했어요. 하지만 시호 그림자도 보이질 않았어요. 지친 하라가 계단에서 쉬고 있을 때였어요.

"어느 별에서 왔어?"

꼬마가 옆에 앉으며 씩 웃었어요. 하라는 눈꺼풀이 살짝 떨렸어요.

"숨길 거 없어. 우린 딱 보면 알아."

하라는 슬쩍 머리카락 사이로 꼬마를 쳐다봤어요. 묘한 에너지가 느껴지기는 했지만, 지구인이 아니라고는 단정 짓기 힘들었어요.

"지구에 오래 있다 보면 지구인 냄새가 배서 못 알아볼 수도 있지. 난 임무를 완수하고 내일 지구를 떠나."

"무슨 임무였는데?"

"그야 뭐, 지구와 지구인에 대해 알아보는 거였지. 지구인으로 살면서 안 해 본 일이 없어. 얼마 전까지는 병원 의사였고, 지금은 꼬마로 살고 있긴 하지만 말이야."

의사라는 말에 하라는 꼬마 곁으로 슬금슬금 다가갔어요. 하라가 만난 의사들은 하나같이 지구인에 대해 잘 알고 있었거든요.

"그럼 지구인 몸에 대해서도 잘 알아?"

"그거라면 식은 죽 먹기지."

꼬마는 계단 출입구를 한 번 휙 보고는 눈으로 천장을 응시했어요. 그러자 신기하게도 천장에 사람의 몸 구조가 떠올랐어요.

"호흡기부터 볼까? 지구인의 호흡기는 코, 기관, 폐로 구성되어 있어. 코로 들어간 공기는 코털에서 한 번 걸러주고, 기관에서 한 번 더 걸러서 폐로 가는 거야. 숨을 한 번 크게 쉬어 봐."

꼬마가 숨을 크게 들이마셨다 뱉었어요. 하라도 꼬마를 따라 했어요.

"숨을 들이마시는 것을 들숨이라고 하는데, 이때 폐 끝에 달린 포도송이 같이 생긴 허파꽈리*가 빵빵해져. 반대로 숨을 내쉴 때를 날숨이라고 하는데, 이때는 허파꽈리가 오므라들지. 허파꽈리를 둘러싸고 있는 모세혈

---

* 기관지 끝에 포도송이 모양으로 붙어 있는 한 층의 얇은 막으로 된 주머니예요. 폐포라고 부르기도 하죠.

관을 통해 산소는 빨아들이고 몸에 나쁜 이산화탄소는 밖으로 내보내는 거야."

하라는 존경의 눈빛으로 꼬마를 쳐다봤어요.

"그렇게 좋은 일을 하는 폐는 모두 몇 개야?"

하라의 비밀노트

호흡기란?

호흡기는 공기 중의 산소를 흡입하고 에너지를 대사(물질을 분해 및 합성해 에너지를 생성하고 불필요한 물질은 몸 밖으로 내보내는 작용)한 결과 발생한 이산화탄소를 배출하는 기능을 하는 기관을 말해요. 들숨을 통해 피에 산소를 공급하고 날숨을 통해 피에서 이산화탄소를 제거함으로써 허파에 가스 교환이 이루어지게 한답니다.

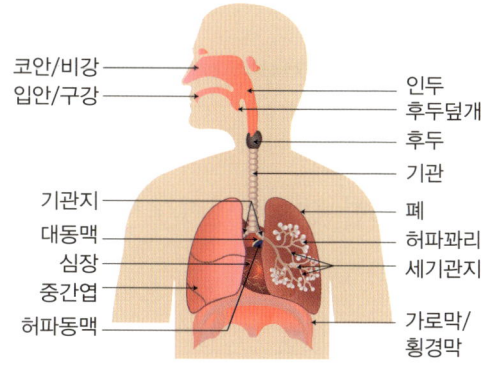
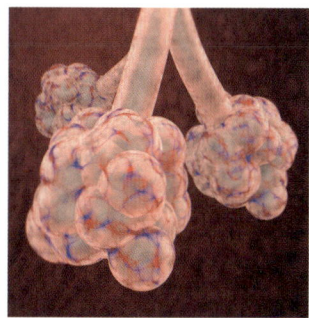

폐의 모세혈관

인체의 신비 속으로

"왼쪽과 오른쪽에 각각 한 개씩, 모두 2개 있지. 폐를 허파라고 부르기도 하는데 왼쪽 폐가 오른쪽보다 작아. 그 이유는 왼쪽에 심장이 있어서 같이 있으려니 좁은 거지."

"병원에 콜록거리는 사람도 많고 재채기하는 사람도 많던데 그것도 호흡기랑 관계가 있어?"

나름 그럴싸한 질문을 했다고 생각한 하라가 눈을 말똥거렸어요.

"똑똑한 질문이야. 재채기의 속도가 얼마나 빠른 줄 알아?"

"재채기도 속도가 있어?"

"입에서 나오는 재채기의 속도는 160km! 굉장히 빠르지. 기관지에는 섬모라는 아주 가는 털이 있는데, 섬모들이 기관지에 달라붙은 먼지 알갱이 같은 것들을 코 쪽으로 밀어내면서 재채기를 하게 되는 거야. 찬바람이 갑자기 콧속에 들어왔을 때 재채기를 하는 경우도 마찬가지지."

하라는 고개를 계속 끄덕였어요.

"그거 알아? 지구인 중에는 담배를 피우는 사람들이 많은데 그 담배 연기로 인해 콧속이나 기관지에 있는 가는 털인 섬모의 활동이 중단되거든. 섬모들이 활동을 못 하게 되면 끈적끈적한 점액과 먼지가 폐에 쌓여 호흡이 곤란해져. 심하면 죽음에 이르게 되지."

꼬마 말에 하라는 몸이 부르르 떨렸어요.

"그런데 폐랑 같이 왼쪽에 있다는 심장은 무슨 일을 해?"

하라의 비밀노트

남자와 여자의 호흡 방법이 다르다?

사람의 심장은 모양상 네 개의 방으로 나눠서 불러요. 각 방은 혼란을 막기 위해 위쪽에 있는 방을 심방이라고 하고, 아래쪽에 있는 방을 심실이라고 부른답니다. 심방은 심장으로 들어오는 혈액을 받는 곳으로 왼쪽의 심방을 좌심방, 오른쪽의 심방을 우심방이라고 불러요. 마찬가지로 좌심방 아래에 있는 방을 좌심실, 우심방 아래에 있는 방을 우심실이라고 부르지요. 사람을 포함한 포유류와 새들은 모두 똑같은 모양의 심장을 가지고 있어요.

남자는 복식 호흡을, 여자는 흉식 호흡을 주로 해요. 복식 호흡이란 배로 숨을 쉬는 것을 말해요. 숨을 들이쉴 때 가로막이 아래로 내려가고 숨을 내쉴 때는 가로막이 위로 올라가지요. 흉식 호흡이란 가슴으로 숨을 쉬는 걸 말해요. 숨을 들이쉴 때 갈비뼈가 몸의 앞쪽으로 움직이고 숨을 내쉴 때는 갈비뼈가 몸의 뒤쪽으로 움직여요. 호흡 횟수는 어른과 갓난아기를 비교했을 때 1분 동안 어른은 약 20회 정도의 호흡을 하고 갓난아기는 약 40회의 호흡을 한다고 해요.

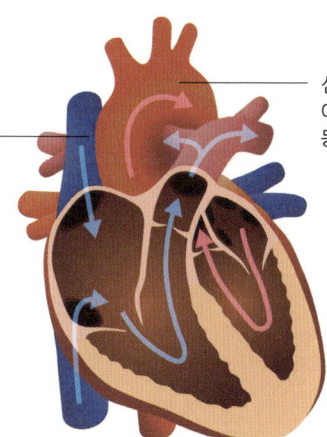

심장에서 들어오는 피는 압력이 약하기 때문에 판막이 달린 정맥으로 되어 있답니다.

심장에서 내뿜는 피는 압력이 아주 세기 때문에 굵고 질긴 동맥으로 되어 있어요.

"심장? 심장이야말로 지구인 몸에 꼭 필요한 거지. 심장에는 4개의 방이 있는데 우심방 아래 우심실, 좌심방 아래 좌심실이 있어. 모두 동맥과 정맥이 연결되어 있어."

"방이라고? 보기보다 크게 생겼나 보네."

하라는 천장에 떠오른 심장을 보면서 갸웃거렸어요.

"이런 바보. 심장의 크기는 자기 주먹 정도의 크기라고 생각하면 돼. 심장이 하는 일은 매우 중요한데, 바로 더러워진 혈액을 깨끗하게 만드는 일이야. 깨끗해진 혈액은 지구인의 몸 구석구석을 돌면서 몸 안에 생긴 찌꺼기를 밖으로 내보내기도 하고 세포들에 산소와 양분을 전달해 주기도 해."

"혈액이라 하면 지구인이 다쳤을 때 나오는 빨간 거, 그러니까 피를 말하는 거지?"

하라는 처음 병원에 도착했을 때 응급실에 실려 가는 환자가 다리에서 피가 난다면서 울던 기억이 떠올랐어요.

"제법인걸."

꼬마의 칭찬에 하라는 살짝 웃었어요.

"그런데 진짜 궁금한 게 있어. 혈액은 왜 빨간색이야? 지구에는 빨간색 말고도 다양한 색깔이 존재하던데."

"그건 산소를 흡수하는 헤모글로빈 때문에 빨갛게 보이는 거야. 먼저 혈액은 혈소판, 혈장, 혈구로 이루어져 있어. 혈구는 다시 백혈구와 적혈구로 나뉘고 각자 하는 일들도 달라. 그런데 이런 혈액도 언젠가는 죽게 돼."

"혈액이 죽으면 지구인도 죽잖아!"

뜻밖의 사실에 하라는 입이 다물어지지 않았어요.

"참나, 언제부터 지구인 걱정을 했는지 모르겠군. 백혈구는 병균을 잡아먹는 일을 하는데 병균을 잡아먹은 후에 죽어. 혈소판은 지구인이 상처가 났을 때 상처 난 곳에 모여들어 혈액이 나가는 것을 막다가 죽게 되는 거

하라의 비밀노트

자연 방어 면역력

우리 몸에는 자신의 몸을 스스로 보호해 주는 면역력이라는 것이 있어요. 면역력이란 나쁜 병균이나 독소 등이 우리 몸을 공격할 때 이를 방어해 주는 것을 말해요. 대표적으로 백혈구를 들 수

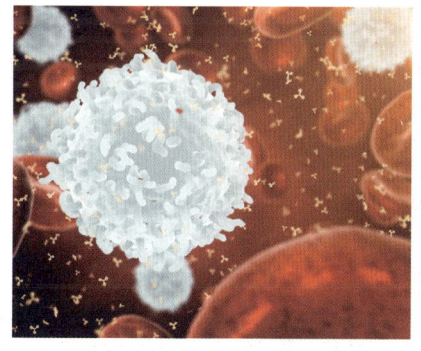

있어요. 백혈구는 뼈와 골수(혈액세포를 만드는 조직) 안에서 만들어지는 세포로 병균을 잡아먹고, 죽으면 고름이 된답니다. 면역력을 높이려면 평소 꾸준한 운동과 충분한 숙면, 규칙적인 생활을 하는 것이 좋아요.

사진을 보면 빨간색이 적혈구, 회색빛이 백혈구예요. 약간 투명하고 뾰족뾰족한 가시가 달린 작은 것이 혈소판이랍니다.

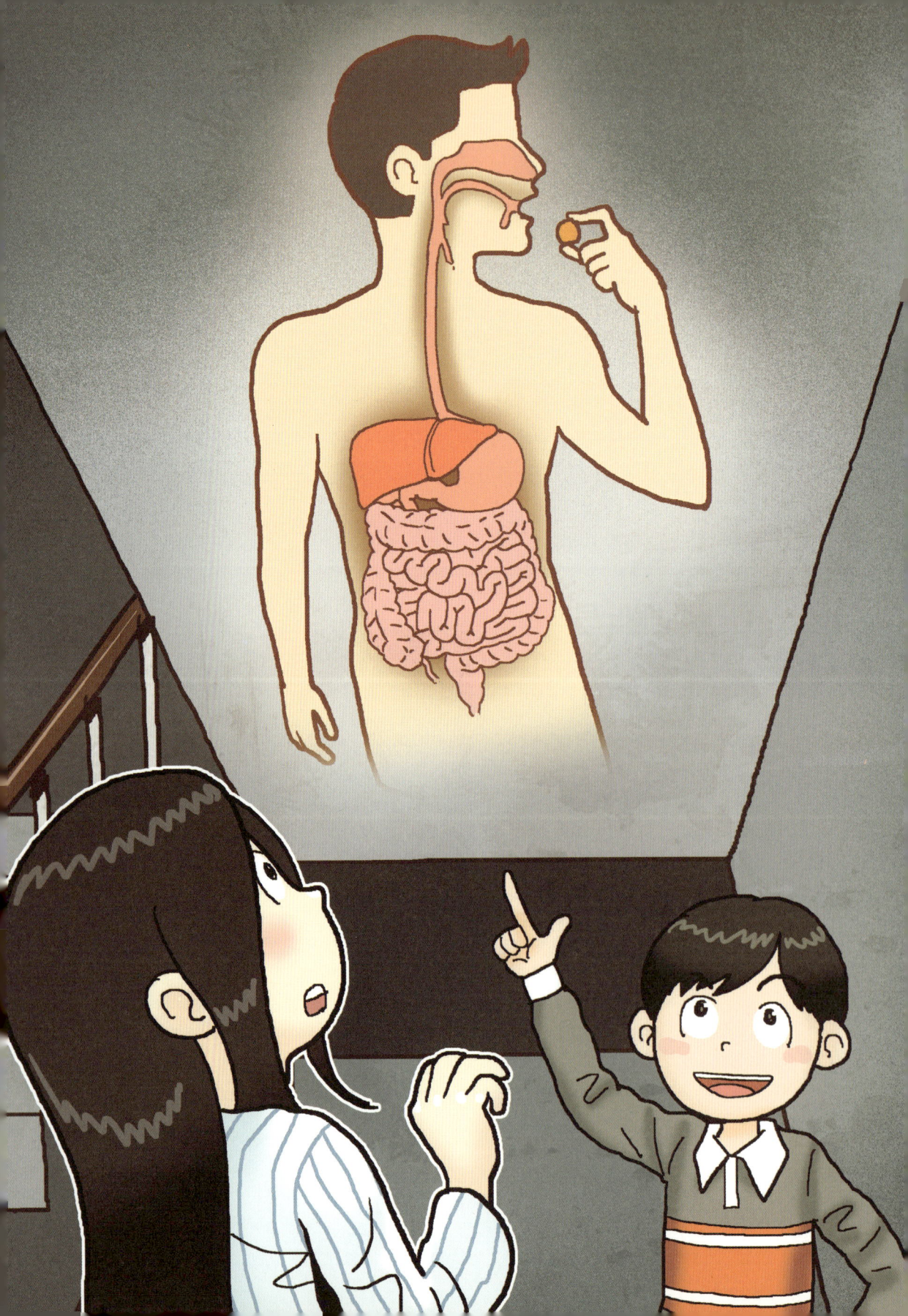

지. 하지만 혈액은 계속 만들어지니 걱정은 금물."

꼬마는 힘들었는지 혀를 쏙 내밀었어요.

"이거라도 먹을래?"

하라는 사탕 하나를 내밀었어요. 할머니 방에서 사탕 맛을 본 뒤로 하라는 매일 사탕을 입에 달고 다녔어요.

"오! 갑자기 좋은 생각이 났어."

꼬마는 사탕을 천장에 던졌어요. 그러자 사탕이 정확하게 지구인의 입 앞에 멈췄어요.

"지금부터 사탕을 먹은 지구인의 몸속을 들여다볼 거야."

사탕이 아까웠지만 하라는 내색하지 않았어요.

"지구인은 입을 통해서 사탕을 먹어. 사탕을 천천히 빨아 먹을 수도 있고 깨물어 먹을 수도 있지. 우린 깨물어 먹었다고 생각하자. 이가 사탕을 잘게 부숴 줄 테고 잘게 부서진 사탕은 식도를 따라 위로 내려가겠지."

꼬마의 말대로 천장에서는 몸 구조를 따라서 사탕이 천천히 내려가고 있었어요.

"위라는 거 말이야. 참 이상하게 생겼어."

"그렇지? 꼭 주머니같이 생겼어. 위에서는 위액이 나오는데 위액은 음식물을 녹이는 일을 해. 만약 사탕이 상했다면 위를 감싸고 있는 근육들이 모두 뱉어내게 할 거야. 한마디로 토하는 거지. 우웩!"

우웩 소리에 하라는 속이 이상했어요.

"위에서 사탕이 죽처럼 변하면 십이지장으로 내려오는데 십이지장의 길이는 25cm에서 30cm 사이야. 그다음 작은창자로 이동하지."

"작은창자가 엄청 길다."

작은창자를 따라 하라 손가락이 움직였어요.

"보기에도 길어 보이지? 약 6~7m이니까 굉장히 긴 거지. 작은창자에서는 사탕의 영양분이 대부분 흡수된다고 보면 돼. 이제 작은창자에서 흡수된 영양분을 제외한 찌꺼기들은 큰창자로 보내질 거야."

"잠깐! 위 옆에 있는 건 뭐야?"

하라가 위 옆에 있는 간을 가리켰어요.

"이런 실수가 있나. 간과 이자를 빼고 갈 뻔했네. 혹시 지구인들이 하는 말 중에 '간도 크네'라는 말 들어 본 적 있어?"

"그런 말은 아직 듣지 못했는데."

"크크. 나중에 그런 말을 듣게 되거든 내 생각이 날 거야. 간은 무게가 1.5kg이나 나가고 크기도 큰 편이야. 하는 일도 얼마나 많은지 몰라. 몸에 필요한 에너지도 만들고, 독성 물질도 분해하고, 소화도 돕는 등 정말 많은 일을 하지. 이자**는 위액과 관련이 있는데, 위액이 강한 산성이라면 이

** 위의 뒤쪽에 있는 길이 약 15cm의 가늘고 긴 장기.

자는 탄산수소나트륨이라는 걸 만들어서 산성을 중화시키는 일을 해."

"저기 봐! 사탕이 큰창자를 타고 내려가고 있어."

사탕을 쫓아가느라 하라의 눈동자가 빠르게 움직였어요.

하라의 비밀노트

우리 몸의 기관

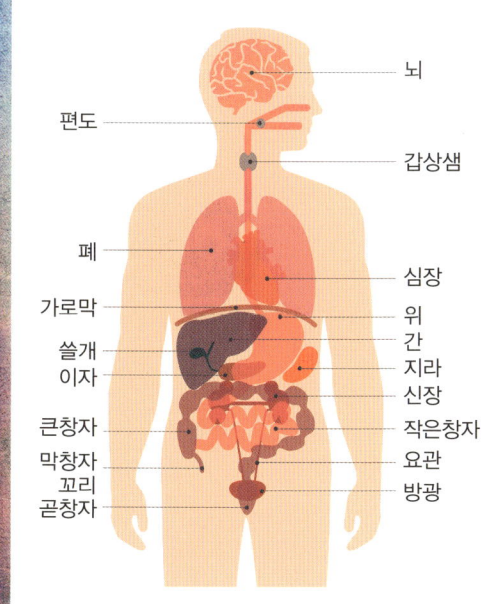

우리 몸은 다양한 기관으로 이루어져 있어요. 각 기관에는 고유의 기능이 있으며, 다른 기관과 서로 상호작용을 한답니다.

우리 몸의 70%는 물(수분)로 이루어져 있어요. 성분이 비슷한 약간 덜 짠 바닷물이라고 생각하면 돼요. 몸무게를 조절할 때 수분으로 조절할 정도로 몸속 물의 양에 따라 몸무게가 달라지지요. 하루 동안 우리 몸속에서 빠져나가는 수분의 양은 2.4ℓ(리터)나 되는데 땀, 호흡, 소변을 통해서 빠져나가요. 물은 몸속의 노폐물을 몸 밖으로 내보내고 체온을 유지하는 일을 할 뿐만 아니라 산소를 흡수하는 일을 하는 데 꼭 필요해요. 세계보건기구(WHO)는 하루 섭취해야 하는 물의 양으로 1.5~2ℓ를 권하고 있어요.

"지구인이 되고 나서 화장실에 간 적 있어? 똥은 싸 봤어?"

꼬마의 질문에 하라는 곰곰이 생각해 봤어요. 똥을 쌀 때 냄새는 고약했지만 다 싸고 나면 속이 시원해지는 느낌이 들었어요.

"먹지 않아도 똥은 나와. 죽은 세포들이나 병균이 똥이 되거든. 큰창자 안에서는 수분이 빠져나가서 딱딱해지는데, 그게 바로 똥이야."

"오줌도 자주 마렵던데 오줌은 왜 나오는 거야?"

"그건 말이지, 강낭콩같이 생긴 신장이 지구인의 몸에는 두 개가 있어. 신장으로 모여든 물질 중에 필요한 것을 제외한 찌꺼기는 내보내는데, 방

하라의 비밀노트

똥 색깔로 건강을 알 수 있다고?

똥에도 좋은 똥과 나쁜 똥이 있어요. 똥은 대장을 지나는 동안 간장에서 나오는 담즙 때문에 노란색을 띠는데, 이때 장 속의 세균 때문에 진한 갈색이 돼요. 하지만 설사를 하는 경우 빨리 장을 지나기 때문에 노란색을 띤다고 해요.
좋은 똥은 너무 굵지 않고 갈색이 나면서, 끊김이 좋아 휴지로 닦았을 때 엉덩이에 묻어나는 것이 거의 없는 똥이에요.
물론 어떤 음식을 먹느냐에 따라 조금씩 차이가 나기는 하지만, 똥으로 우리 몸의 건강상태를 알 수 있다는 것, 잊지 마세요!

광을 통해서 내보낸 것이 바로 오줌이야. 신장은 혈압과 체액을 조절하는 뛰어난 능력도 갖추고 있는 능력자야."

꼬마가 말을 마치자 천장에 있던 몸의 구조가 사라졌어요.

"아, 똥도 오줌도 먹는 음식에 따라 색이 변해. 오늘 한 번 시험해 보든가. 히히."

하라는 꼬마를 따라 웃었어요. 바로 그때 계단 출입구 문이 벌컥 열렸어요.

"하라야! 하라야!"

그렇게 찾았던 시호가 하라를 애타게 불렀어요.

"나 그만 가 볼게. 지구에서 많은 걸 보고 가길 바란다."

꼬마는 계단을 콩콩 뛰어서 내려갔어요.

우리 몸의 구조

우리 몸에는 206개의 뼈와 여러 가지 내장이 있어요. 어느 것 하나라도 없어서는 안 될 중요한 요소들이지요. 우리 몸에 꼭 필요한 뼈와 내장들을 자세하게 들여다볼까요?

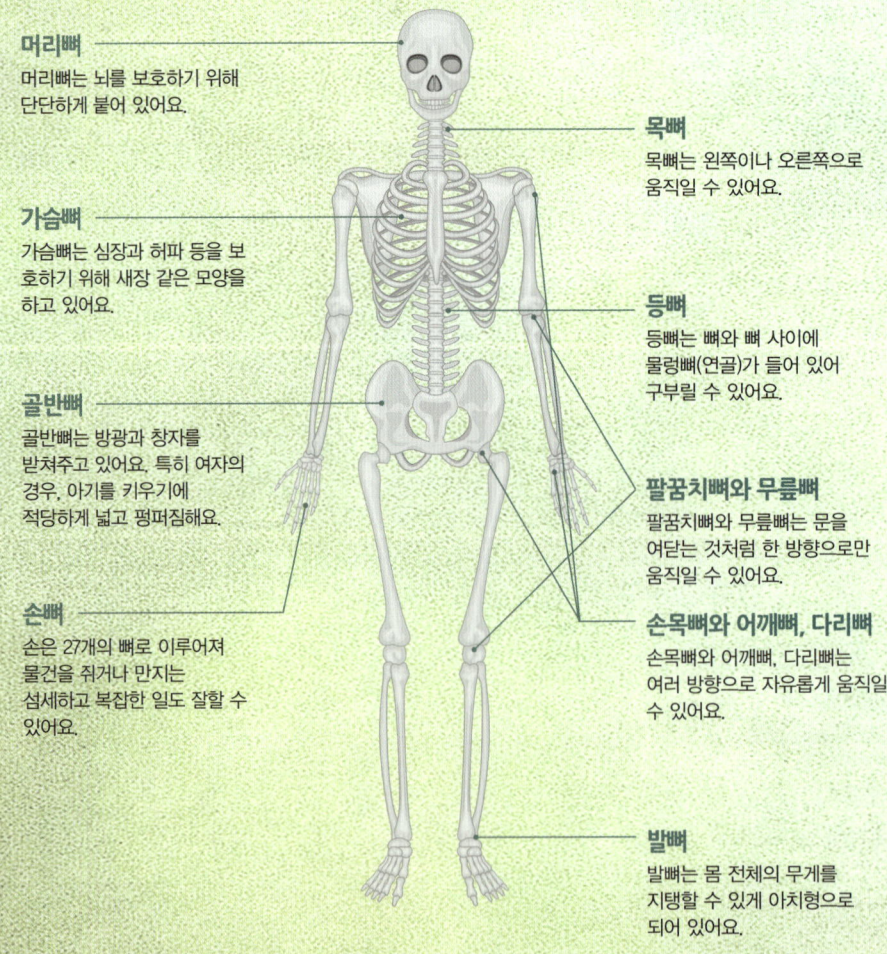

머리뼈
머리뼈는 뇌를 보호하기 위해 단단하게 붙어 있어요.

가슴뼈
가슴뼈는 심장과 허파 등을 보호하기 위해 새장 같은 모양을 하고 있어요.

골반뼈
골반뼈는 방광과 창자를 받쳐주고 있어요. 특히 여자의 경우, 아기를 키우기에 적당하게 넓고 펑퍼짐해요.

손뼈
손은 27개의 뼈로 이루어져 물건을 쥐거나 만지는 섬세하고 복잡한 일도 잘할 수 있어요.

목뼈
목뼈는 왼쪽이나 오른쪽으로 움직일 수 있어요.

등뼈
등뼈는 뼈와 뼈 사이에 물렁뼈(연골)가 들어 있어 구부릴 수 있어요.

팔꿈치뼈와 무릎뼈
팔꿈치뼈와 무릎뼈는 문을 여닫는 것처럼 한 방향으로만 움직일 수 있어요.

손목뼈와 어깨뼈, 다리뼈
손목뼈와 어깨뼈, 다리뼈는 여러 방향으로 자유롭게 움직일 수 있어요.

발뼈
발뼈는 몸 전체의 무게를 지탱할 수 있게 아치형으로 되어 있어요.

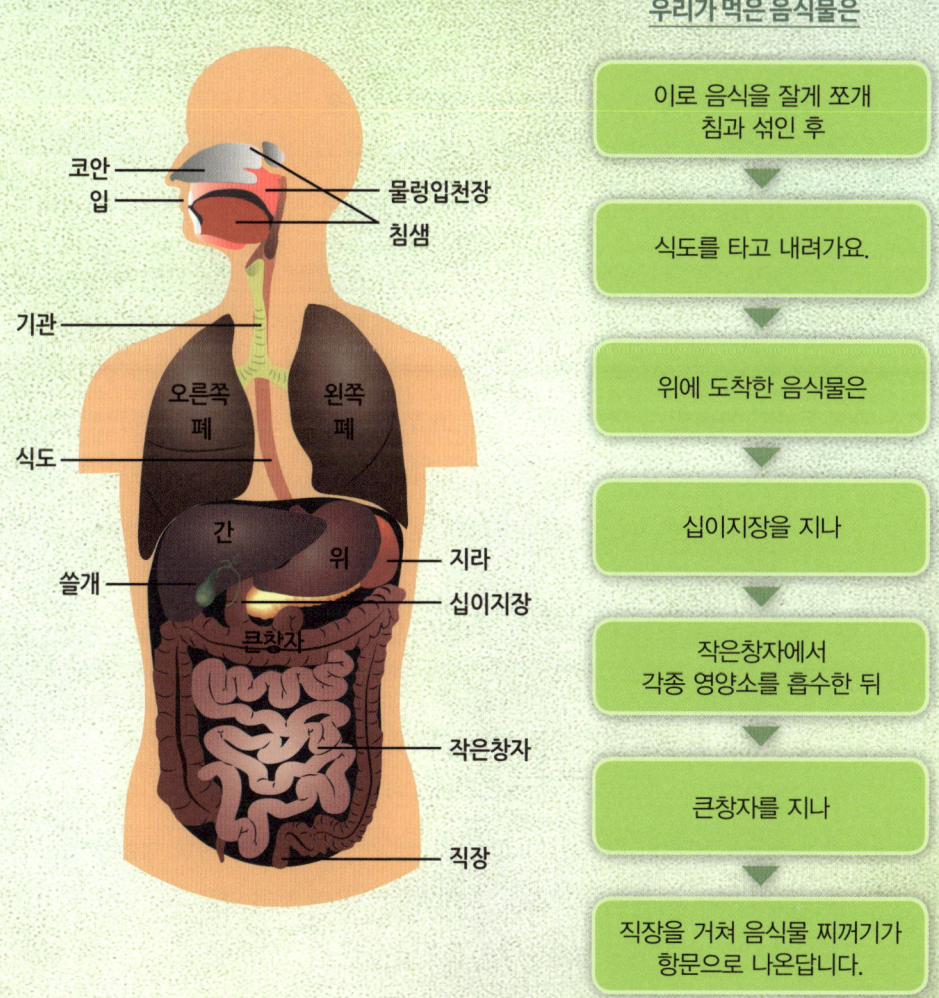

키와 성장 호르몬은 무슨 관계일까?

약 3백만 년 전에 살았던 오스트랄로피테쿠스를 아시나요? 오스트랄로피테쿠스는 키가 1m가 넘지 않았다고 해요. 하지만 시대가 지날수록 키는 점점 커지고 있어요. 요즘은 예전과 달리 좋아진 환경과 식생활의 변화로 평균 키가 커졌어요. 전체적인 역사의 흐름을 보면 부모보다는 자식의 키가 조금씩 더 커지고 있다는 사실을 알 수 있어요. 우리나라 평균 키는 남자는 176cm, 여자는 160cm예요.

무엇보다 기술의 발전으로 키가 몇 cm까지 자랄 수 있는지 예측하는 성장판 검사도 보편화되었지요. 그 검사를 바탕으로 예상 키가 작게 나오면 키를 더 키울 수 있는 운동이나 식품, 약물 등 다양한 방법을 활용하기도 해요.

얼마만큼 성장을 할 수 있느냐는 성장 호르몬이 얼마만큼 나오느냐에 따라 달라져요. 성장 호르몬에 따라 거인이 될 수도 있고 아주 작은 난쟁이도 될 수 있어요.

뼈가 자라는 방식은 뼈가 두꺼워지는 두께 성장과 뼈가 길어지는 길이 성장으로 나누어 볼 수 있어요. 뼈의 길이 성장은 주로 2차 성장기에 이루어지는데, 가장 중요한 역할을 하는 것이 성장판이에요. 성장판이란 뼈를 새롭게 만드는 부분을 말해요. 어깨부터 팔까지 두 개의 성장판이 있어 양쪽에서 팔을 길어지게 만들지요. 다리에도 성장판이 양쪽으로 있어 길어지게 만드는 역할을 해요. 롱다리가 되느냐 안 되느냐는 여기에 달려 있는 거지요. 개개인마다 다르긴 하지만 성장판이 닫히는 시기는 남자는 약 17세, 여자는 15세라고 해요.
그렇다면 이 성장판에 어떤 자극을 주어야 키가 클까요? 성장판은 물리적인 자극에 활발하게 움직인다고 해요. 예를 들어 아이가 줄넘기를 하면서 폴짝폴짝 뛰게 되면 위아래에 있는 뼈의 자극을 받은 성장판은 세포 분열을 활발하게 하는 거죠. 그래서 농구나 줄넘기가 키가 크는 데 좋다고 하는 거예요. 하지만 과한 운동이나 무거운 것을 지속적으로 드는 일은 성장판에 도움이 되지 않아요.
성장판은 성장 호르몬의 영향을 많이 받아요. 성장 호르몬이 많이 나오는 시간은 몇 시일까요? 10시부터라고 알고 있다면 바르게 알고 있는 거예요. 적어도 10시에서 11시 사이에는 수면을 취해야 성장 호르몬이 나올 수 있어요. 수면도 중요하지만 규칙적인 생활도 중요하지요. 뿐만 아니라 바른 식습관도 키가 크는 데 한몫한답니다.

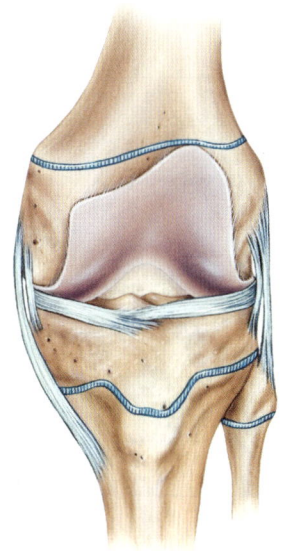

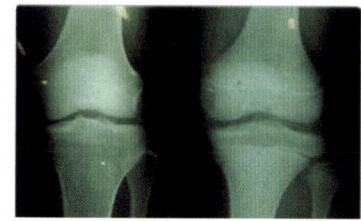

성인 성장판　　소아 성장판

성장판은 다리 뼈에서 가운데 부분과
양끝 부분의 사이에 남아 있는
연골 조직으로 뼈가 성장하는 부분이에요.

인체의 신비 속으로

퀴즈

하라가 지구인 몸에 대해 배웠다고 아는 척을 하고 있어요.
어, 그런데 어딘가 좀 이상해요.
하라가 잘못 말한 부분을 찾아 고쳐 보세요.

❷ 지구인의 뼈는 살아 있어. 변하기도 하고 자라기도 하지.

❸ 지구인의 폐는 허파라고도 부르는데 왼쪽 폐가 오른쪽 폐보다 커.

❶ 지구인의 피부색이 서로 다른 이유는 멜라닌 색소의 활동에 따라 달라지기 때문이지.

❹ 지구인의 몸에 있는 작은창자의 길이는 20~30cm 정도로 짧아.

정답
① ○
② ○
③ × 오른쪽 폐가 왼쪽 폐보다 크다.
④ × 작은창자의 길이는 6~7m쯤 된다.

3장

천재? 영재? 우리 몸

뇌가 시켰어~

"대체 어디 갔었어?"

하라는 시호를 보자 반가운 마음에 눈물이 찔끔 나왔어요.

"엄마가 병원 안에 아주 맛있고 건강에 좋은 빵집이 있다고 해서 가 봤지. 그새를 못 참고 병실을 탈출한 거야?"

"나야 뭐…… 너 찾으러 나간 거지. 그런데 빵은?"

하라는 시호 눈길을 피했어요.

"10시나 되어야 나온다고 해서 그냥 왔어. 지금 빵 사러 갈래? 빵이 날

간절하게 부르는 거 같아."

"빵이 정말 불러?"

"푸하하하! 뇌가 시키니까 그렇지. 빵 먹자, 빵순아~ 이러면서."

"뇌가? 어디서 왜 시키는데?"

시호는 하라의 말은 듣지도 않고 지하에 있는 빵집으로 발걸음을 옮겼어요.

빵집에 도착하자 고소하고 달달한 냄새가 풍겨 왔어요. 시호도 시호지만 하라는 코를 벌름거리면서 빵 냄새를 가득 들이마셨어요.

"참, 너 아직 대답 안 했어. 뇌가 왜 빵 사러 가자고 그러냐고 묻잖아."

"나도 몰라. 그런 거 묻지 말고 빵이나 고르시지."

하라와 시호는 빵을 고르면서도 아옹다옹거렸어요.

"그런 걸 조건반사라고 하지. 예전에 먹어 본 빵을 뇌가 기억해 두었다가 빵을 보면 군침이 돈다든가 오렌지를 보면 신맛이 입에 도는 거 말이야."

옆에서 빵을 고르던 언니가 아는 척을 했어요.

지구인의 몸에 대해 잘 아는 의사만 보면 좋아서 어쩔 줄 모르는 하라는 언니 얼굴을 빤히 바라봤어요.

"여기 병원 의사예요?"

"그럴 수도 있고 아닐 수도 있지."

언니는 모호하게 대답했어요.

"제 꿈은 의사예요. 궁금한 거 물어봐도 돼요? 대답해 주시면 이 빵 다

드릴게요."

하라는 들고 있던 빵 쟁반을 언니한테 내밀었어요. 시호는 꿈이 의사라고 말하는 하라도 어이없었지만 좋아하는 빵을 내미는 것을 보고 속이 부글부글 끓었어요.

"야!"

"왜!"

둘은 빵 쟁반을 서로 잡아당겼어요.

"후후. 재미있는 친구들이네. 빵은 내가 산 거로 충분해. 저기 테이블에 앉을까?"

테이블에 앉은 시호는 단호박 빵부터 집었어요. 하라는 언니만 쳐다봤어요.

"뇌가 어떤 일을 하는지 궁금해하는 건 당연해. 아주 신비로운 곳이어서 아직 밝혀지지 않은 부분이 많은 것도 뇌야."

신비로운 곳이라는 말에 하라는 더 궁금해졌어요.

"우리 몸에서 중요하지 않은 것은 하나도 없지만 뇌는 정말 중요해. 한마디로 뇌가 몸을 이끄는 거라고 할 수 있지."

"당연한 거 아니에요? 뇌가 우리 몸의 대장이잖아요."

언니가 잘못한 것도 없는데 시호는 빵 때문인지 볼멘소리를 했어요.

"맞는 말이야. 우리 뇌는 대장이라 튼튼한 보호 장치로 보호되고 있어. 5mm 두께의 머리뼈가 보호하는 것도 모자라 3겹의 막으로 감싸고 있고 두피와 머리카락까지 뇌를 잘 보호하고 있지."

"그래서요? 그래서 또 뇌가 어떤데요?"

하라는 눈도 한 번 깜박이지 않고 집중했어요.

언니는 잠시 말을 멈추고 빵을 먹으려고 포크를 들었어요. 순간 손에서 미끄러진 포크가 바닥에 떨어졌어요. 시호는 얼른 포크를 주우려고 했어요.

"지금처럼 포크를 주우라고 시키는 게 바로 뇌야. 하지만 포크가 떨어졌다는 사실을 뇌에 알려준 것은 다름 아닌 신경이지."

"신경은 또 뭐예요?"

하라는 언니와 시호를 번갈아 보았어요.

하라의 비밀노트

뇌의 역할

뇌는 학습, 기억, 운동, 감정의 중심이 되는 신경세포가 있는 아주 소중한 곳으로, 크게 대뇌와 소뇌로 나뉘어요. 특히 사람의 뇌 가운데 약 80%를 차지하는 부분이 바로 대뇌랍니다.

대뇌는 크게 오른쪽 뇌와 왼쪽 뇌로 나뉘어 각기 다른 일을 하고 있어요. 왼쪽 뇌는 생각하고 말하는 일을 맡고 있는데, 주로 우리 몸의 오른쪽에 영향을 주고 있어요. 오른쪽 뇌는 예술이나 사물을 이해하고 관찰하는 일을 하고 있는데, 주로 우리 몸의 왼쪽에 영향을 준답니다. 그리고 소뇌는 우리 몸의 균형 감각과 운동 감각을 담당하고 있어요.

대뇌는 크게 전두엽, 두정엽, 측두엽, 후두엽으로 구성되어 있어요. 전두엽은 뇌의 앞쪽에 있는데 정보를 분별하고 판단하는 곳이에요. 두정엽은 피부에 전달되는 감각 정보를 처리하고 촉각, 무게나 동작을 감지해요. 측두엽은 언어를 듣고 이해하는 청각을 관장해요. 후두엽은 시각을 담당해서 사물을 인식하는 기능을 하지요.

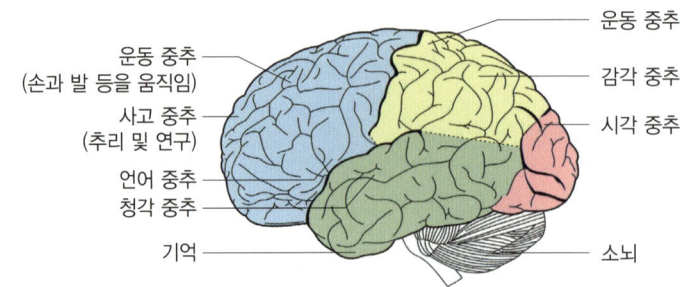

파란색 부분이 전두엽, 노란색 부분이 두정엽,
녹색 부분이 측두엽, 빨간색 부분이 후두엽이에요.

"온몸에 거미줄처럼 퍼져 있는 것이 바로 신경이야. 신경이 끊어지면 뇌와 다른 감각들이 서로 연락을 할 수 없게 돼."

"지구인의 몸은 알면 알수록 복잡해. 복잡한 건 딱 질색인데."

한숨을 길게 쉬며 하라는 고개를 푹 숙였어요. 시호는 말없이 하라의 등을 토닥여 줬어요.

"문제 하나 낼까? 식물을 잘 관찰하는 사람은 오른쪽 뇌와 왼쪽 뇌 중 어떤 쪽이 발달한 걸까?"

"난 왼쪽."

"난 오른쪽."

왼쪽이라고 대답한 시호와 달리 하라는 오른쪽이라고 대답했어요.

"정답은 오른쪽 뇌야."

"야호!"

하라는 좋아서 방방 뛰었어요. 시호는 입을 쭉 내밀었어요.

"대뇌는 오른쪽과 왼쪽으로 나뉘어. 오른쪽 뇌는 몸의 왼쪽에 영향을 주고 왼쪽 뇌는 몸의 오른쪽에 영향을 주지. 오른쪽 뇌가 발달한 사람은 그림을 잘 그리거나 노래를 잘 부르고 사물을 관찰하는 능력이 뛰어나. 그에 비해 왼쪽 뇌가 발달한 사람은 계산이 빠르거나 생각하는 능력이 뛰어나고 말하는 솜씨가 좋다고 할 수 있지."

"난 왼쪽 뇌가 발달한 거구나. 어쩐지 수학을 잘하더라니."

빵을 먹던 시호가 슬쩍 왼쪽 머리를 만졌어요.

"우리 뇌는 앞쪽에 전두엽, 뇌 가운데에는 두정엽, 뇌 뒷부분에는 후두엽, 뇌 옆에는 측두엽으로 구성되어 있어."

언니는 뜨거운 커피를 호호 불면서 한 모금 마셨어요.

"뇌세포도 혈액처럼 죽어요?"

꼬마에게 들은 말이 갑자기 생각난 하라가 물었어요.

"오~ 나 빼고 어디 가서 공부라도 한 거야?"

시호가 눈을 흘기자 하라는 어깨를 으쓱거렸어요.

"본론부터 말하면 뇌세포도 죽어. 뇌세포는 스스로 치료하는 능력이 없어서 치료도 못 하지만 세포가 죽어도 새롭게 만들어지지는 않아."

"오 마이 갓!"

너무 놀란 시호는 영어가 막 튀어나왔어요.

"하지만 140억 개의 뇌세포 중 아주 일부분에 불과하니 걱정은 하지 않아도 돼. 그보다 남아 있는 세포가 건강하게 잘 지낼 수 있도록 해야지. 그러기 위해서는 영양분과 산소를 잘 공급하는 게 중요해."

그 말을 들은 시호와 하라는 영양 공급을 한다며 서로에게 빵을 먹여 주느라 분주했어요.

"혹시 너도 스마트폰을 쓰니?"

"그럼요. 스마트폰 없으면 완전 심심하잖아요, 그런데 병원에 와서 하라를 만나는 바람에 스마트폰을 까맣게 잊고 있었어요."

시호는 하라와 겪었던 일들이 한 편의 영화처럼 떠올라 피식 웃었어요.

"갑자기 스마트폰은 왜요?"

"스마트폰과 전두엽은 밀접한 관계가 있어. 전두엽은 받아들인 많은 정보를 생각하고 분별해 판단하는 곳이야. 무엇보다 사람의 인성을 결정하는 곳도 전두엽이지. 그런데 말이야, 스마트폰이 이 전두엽의 활동을 둔하게 만든단다."

"에이, 거짓말. 스마트폰이 얼마나 좋은데요. 게임도 있고 동영상도 볼 수 있고 인터넷으로 필요한 자료도 찾을 수 있는 정말 좋은 애라고요."

시호는 말도 안 된다고 생각했어요. 하라는 언니의 스마트폰을 들고 이리저리 흔들어 보았어요.

"예전에 스마트폰이 전두엽에 미치는 영향을 실험한 적이 있었어. 그런데 놀랍게도 스마트폰을 하는 동안 전두엽은 움직이지 않았어. 하지만 책을 읽고 있을 땐 전두엽이 활발한 반응을 보였지."

"정말이요?"

시호와 하라는 동시에 눈이 커다랗게 변했어요.

"전두엽이 발달하지 못하면 아무런 의욕도 없고 슬픔, 기쁨 같은 감정의 변화가 없어. 화를 조절하기 힘들고 집중력도 떨어지지. 바른 결정을 내리기도 쉽지가 않아."

"당장 스마트폰을 버려야 하나?"

혼란스러운 듯 시호가 생각에 잠겼어요.

"스마트폰이 나쁜 건 아니야. 적절하게 사용하면 그것보다 좋은 건 없으니까."

하라는 스마트폰을 저만치 손가락으로 밀었어요. 그 모습을 보고 언니와 시호는 깔깔 웃었어요.

우리 몸의 비밀

"언니, 머리핀 색깔이 참 예뻐요. 어디서 사셨어요?"

시호는 아까부터 언니 머리에서 반짝이는 머리핀이 탐났어요.

"남자친구가 선물해 줬어. 그런데 무슨 색깔이야?"

"선물 받았다면서 색깔도 몰라요?"

"응. 사실 난 부분 색맹이야."

언니가 아무렇지도 않게 웃었어요. 시호는 놀라서 입을 다물었어요. 그런데 눈치 없는 하라가 불쑥 끼어들었어요.

"부분 색맹이 뭐예요?"

"색맹은 색깔을 구별하지 못하는 것을 말하는데 전색맹과 부분 색맹이 있어. 전색맹은 말 그대로 명암, 즉 어둡고 밝은 것만 구별할 수 있고 색깔은 전혀 구별할 수가 없어. 부분 색맹은 적록 색맹과 청황 색맹으로 나뉘는데 나 같은 청황 색맹은 노랑과 파랑을 구별 못 해. 적록 색맹은 빨강과 녹색을 구별 못 하고."

가만히 듣고 있던 시호가 모기만 한 목소리로 말했어요.

"언니, 미안해요. 괜한 걸 물어봐서."

"미안하긴. 언니는 색맹 덕에 공부도 더 열심히 했고 사랑하는 사람도 만나게 되었는걸."

시호는 자신감 넘치는 언니가 멋있어 보였어요. 하라 눈에도 언니는 보통 사람과 다른 에너지가 느껴졌어요.

"너희들 그거 알아? 서양 사람들 눈동자 색깔이 파란색이나 초록색인 이유 말이야."

언니의 질문에 시호는 냉큼 대답했어요.

"그 정도는 상식이죠. 홍채 속에 들어 있는 멜라닌 색소의 양이 적어서 그런 거잖아요."

"와! 그럼 빛의 양을 조절하는 것은 무엇일까?"

"당연히 홍채죠."

시호는 손가락으로 V자를 만들었어요.

"다들 홍채, 홍채 하는데 도대체 홍채가 뭐예요?"

어김없이 하라가 끼어들었어요.

"홍채를 알려면 눈의 구조부터 알아야 해. 우리가 흔히 눈동자라고 부르는 것이 각막이고 흰색 부분이 공막이야. 눈 가운데 층으로 들어가면 아까 말한 홍채가 있고 맥락막과 모양체가 있지."

하라의 비밀노트

안구건조증이란?

눈물은 망막이 상하는 것을 막아 주고 영양분을 공급할 뿐만 아니라 눈 속의 이물질을 밖으로 내보내는 역할을 해요.

노화, 염증, 외상 등으로 눈물이 부족하거나 많아지게 되면서 여러 가지 증상이 생기는데, 이런 상태를 안구건조증이라고 해요. 특히 컴퓨터나 스마트폰을 오래 보면서 눈의 깜박임이 줄어들면 안구건조증이 생기기 쉬워요.

안구건조증은 약물요법이나 수술을 통해 치료가 가능해요. 하지만 무엇보다도 실생활에서 먼지가 많은 곳을 피하는 게 좋아요. 또한 장시간 운전이나 독서를 하거나 컴퓨터를 사용할 때는 눈을 자주 깜박여 주고 휴식을 취하는 것이 좋아요.

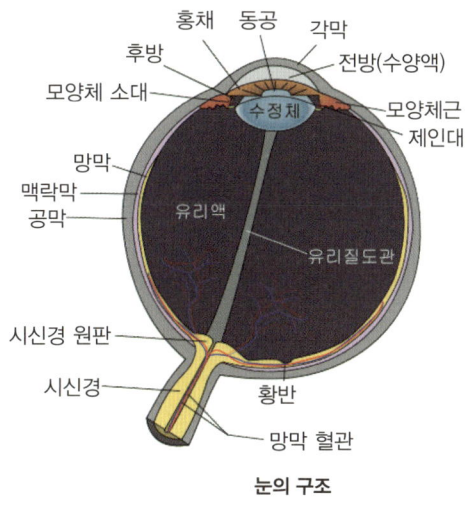

눈의 구조

아는지 모르는지 하라는 고개를 끄덕였어요.

"눈에서 물도 나오죠?"

하라는 시호처럼 손가락으로 V를 만들었어요. 시호는 기가 막혀서 혀를 끌끌 찼어요.

"눈물 말하는 거지? 눈물은 눈물샘에서 나오는데, 눈을 깨끗하게 해 주고 눈동자도 부드럽게 움직이도록 해 주지. 드라마나 영화 보면서 울다 보면 눈물 콧물이 범벅되는 경우 있잖아. 그런 경우 눈물샘에서 나온 눈물이 눈과 연결된 눈물주머니에 모였다가 콧속으로 전달되는 거지."

언니 말이 끝나기가 무섭게 하라는 시호에게 들리지 않게 언니 귀에 소곤거렸어요.

"언니, 얘가 뭐래요?"

시호가 묻자 언니가 대답했어요.

"그게 말이지……. 왜 눈이 두 개냐고."

시호는 하라의 궁금증에 두 손 두 발 다 들었어요.

"사실 두 눈이 하나의 물체를 바라보지만 뇌 신경에는 각각 따로 전달돼. 따로 전달된 물체에 대한 정보가 합쳐져서 하나의 완성된 물체가 되는 거지. 그래서 눈이 두 개야."

그때 빵집에 종소리가 울렸어요. 새로운 빵이 나오는 걸 알리는 소리였어요.

"크림치즈 빵이 나왔나 봐요."

"보지도 않고 어떻게 알아?"

언니는 놀라는 눈치였어요.

"제 별명이 빵순이거든요. 빵을 하도 먹어서 냄새만 맡아도 대충 알아요."

시호 말대로 진열대에는 크림치즈 빵이 올라왔어요.

"사람은 약 4천 가지의 냄새를 맡을 수 있대. 어른보다는 어린이가, 남자보다는 여자가 냄새에 더 민감해."

"그런데 이상해요. 아무리 좋은 냄새도 계속 맡고 있으면 못 느끼게 되더라고요."

"맞아. 그럴 때가 있지. 특히 강한 냄새를 맡을 땐 말이야. 그 이유는 코가 피로를 빨리 느끼기 때문이야."

"푸히히히. 그럼 코도 푹 자야죠."

하라는 뭐가 그렇게 웃긴지 배꼽을 잡고 웃어댔어요.

"너희들은 빵 냄새를 맡으면 무슨 생각을 하니? 나는 어릴 적 엄마가 생각나. 엄마가 만들어 주던 빵 맛이 떠오르거든."

"나는 크리스마스가 생각나요."

할 말이 없는 하라는 손가락 장난을 쳤어요.

"신기한 점은 냄새를 기억할 때는 그때 느꼈던 감정이나 기분이 같이 기억된다는 사실이야."

"기억이라면 뇌가 하는 일 아니었어요?"

장난을 치던 하라가 멈칫했어요.

"그래 맞아. 냄새를 맡게 되는 원리를 알게 되면 이해가 훨씬 빠를 거야. 냄새가 콧속으로 들어오면 냄새를 느끼는 감각 세포인 후세포가 냄새를 맡고 후각을 전달하는 후각신경이 냄새를 느끼는데, 바로 이 후각신경이 대뇌에 연결되어 있어. 그래서 결국 냄새를 알아차리는 건 뇌라고 할 수 있지."

언니는 커피 한 잔을 다 마시고 나서 한 잔을 더 주문했어요. 하라는 아까부터 언니가 마시는 것이 궁금했어요. 컵 안에 출렁이는 까만 물 위로 김이 모락모락 올라왔거든요.

"맛있어요?"

하라는 코를 킁킁거렸어요. 빵 냄새랑은 확실히 달랐어요.

"향기도 좋고 맛도 좋고 커피는 중독이야. 호호."

언니는 입을 가리며 웃었어요. 맛있다는 말에 하라는 냉큼 커피 한 모금을 마셨어요.

"우웩!"

맛있기는커녕 쓰기만 했어요.

"괜찮니?"

언니는 하라에게 물을 건넸어요. 하라는 물을 벌컥벌컥 마셨어요.

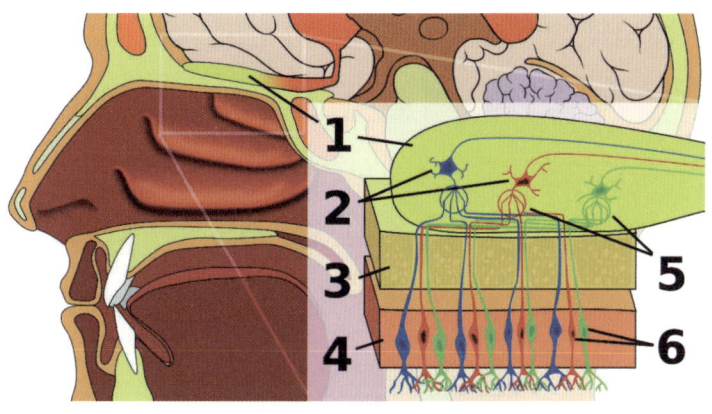

후각 계통의 구조 및 명칭

1. 후각신경구 2. 승모 세포 3. 뼈
4. 콧구멍 상피 5. 사구체 6. 후각 수용 세포

맛봉오리의 구조

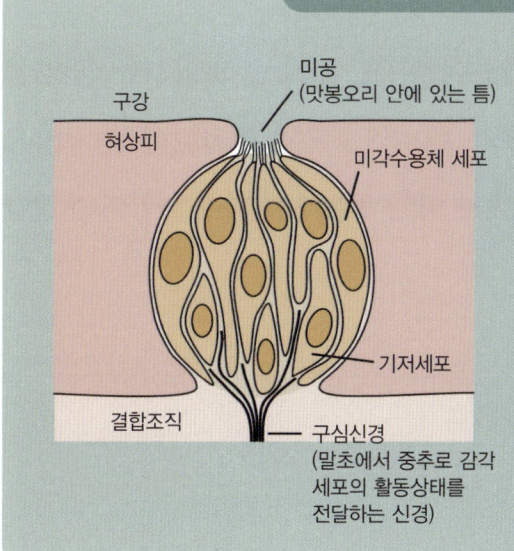

예전에는 '맛지도'라고 해서 단맛, 짠맛, 신맛, 쓴맛을 느끼는 혀의 부위를 나타낸 그림이 교과서에 실리기도 했어요. 하지만 그것은 잘못된 정보였답니다. 각각의 맛봉오리 안에는 맛을 느끼는 모든 세포가 들어가 있기에 혀 전체에서 다양한 맛을 알 수 있어요. 다만 혀 부위마다 개수가 약간씩 달라 더 민감하게 느끼는 맛은 있지요.

"우리 혀는 단맛, 짠맛, 신맛, 지금 느낀 쓴맛, 이렇게 4가지 맛을 느껴. 혀 표면에는 미각 유두라는 게 돋아나 있는데 그 안에 있는 맛봉오리***가 느끼는 거지."

"언니, 그런데 왜 매운맛은 없어요? 매운 떡볶이 먹을 때 엄청 매운맛이 느껴지잖아요."

시호는 그때 생각이 났는지 움찔했어요.

"매운맛은 뜨거움이나 쓰라림 같은 통증이라 맛이라고 할 수 없단다."

"우리 삼촌은 와인 마실 때 입안에서 한참을 머금고 있다가 마셔요. 그건 왜 그러는 거예요?"

"한마디로 맛을 감별하는 거지. 맛을 알려면 제대로 느끼는 시간이 필요한데 삼촌은 그걸 아시는 분인 거 같아."

언니는 커피를 음미하면서 천천히 마셨어요. 하라는 아까부터 어딘가를 뚫어지게 쳐다보고 있었어요. 시호는 하라의 눈길을 따라갔어요. 모자를 쓴 멋쟁이 할아버지였어요. 할아버지 귀에 있는 보청기가 하라의 눈길을 사로잡은 모양이에요.

"그만 봐. 할아버지 민망하셔."

시호는 하라 얼굴을 제자리로 돌려놨어요.

*** 혓바닥에 솟아 있는 수많은 돌기를 유두라고 하는데, 맛봉오리(미뢰)는 이 유두의 옆구리에 모여 있는 거예요.

"저건 어디다 쓰는 거야? 나도 하고 싶다."

"으이구. 저건 귀가 잘 안 들리는 사람들이 쓰는 거야. 넌 잘 들리잖아."

시호가 핀잔을 줬어요.

"귀가 왜 안 들려?"

하나를 알려주면 열을 궁금해하는 하라였어요.

"그건 내가 알려줄게. 나이가 들면 달팽이관의 신경세포가 약해져서 들리지 않게 되는 거야."

언니는 하라의 질문에 화내지 않고 차분히 설명해 주었어요. 하라는 더 묻고 싶었는데 시호 눈치가 보였어요. 그래서 다 먹고 남은 빵부스러기를 찍어 먹었어요.

"언니, 멀미하고 귀하고도 관련이 있죠? 어디서 그런 소리 들은 거 같아서요."

턱을 괴고 있던 시호가 한마디 했어요.

"딩동댕. 귀의 역할 중에 평형감각이 있어. 우리 몸의 평형을 잡아주는 일을 하지. 몸이 얼마나 회전하는지를 감지하는 평형기관을 반고리관이라

하라의 비밀노트

소리는 귀를 통해서 어떻게 전달될까?

소리는 귀를 통해서 어떻게 전달될까요? 처음에 귓바퀴에서 소리를 모으면 외이도(귀의 입구에서 고막에 이르는 관)를 거쳐 고막(바깥귀와 가운데귀의 경계에 위치하는 얇고 투명한 막)에 전달된답니다. 고막에 전달된 소리는 청소골로 전달되고, 청소골에서 달팽이관에 있는 청세포로 전달되지요. 청세포는 달팽이관에서의 림프액 진동을 전기적 신호로 바꾸어 청신경으로 전달합니다. 그리고 청신경의 도움으로 대뇌에 전달되면 비로소 소리를 듣게 되는 거랍니다.

아주 큰 소리를 들으면 저절로 귀를 막게 되지요. 소리를 재는 단위를 데시벨(dB)이라고 하는데 데시벨이 높은 경우 고막에 손상을 줄 수 있어요. 85데시벨 이상이면 사람에게 불쾌감을 줄 수 있다고 해요. 속삭이는 소리는 20데시벨, 시끄러운 도시의 길거리 소리는 85데시벨, 록 콘서트 소리는 115데시벨 정도라고 해요. 높은 데시벨은 귀에만 영향을 주는 것이 아니라 인체에도 영향을 줘요. 이어폰을 끼고 음악을 크게 듣는 것 또한 청각에 손상을 줄 수 있어요. 하지만 소음 중에도 귀에 거슬리지 않고 도움이 되는 소리가 있어요. 그런 소음을 백색소음이라고 해요.

고 해. 차가 흔들리면서 몸도 흔들리면 당연히 반고리관도 중심을 못 잡고 흔들리면서 멀미를 하게 되는 거지."

"나도 멀미 나고 싶어."

하라가 좌우로 몸을 흔들어 댔어요. 시호는 그런 하라를 진정시키느라 진땀을 뺐지요.

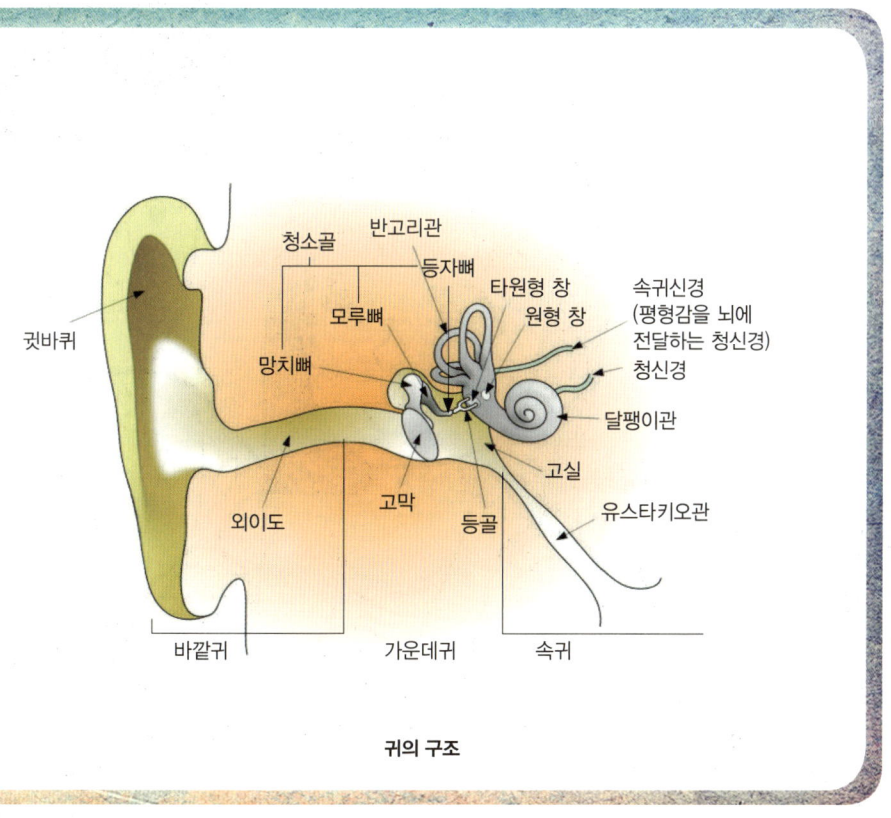

귀의 구조

"우리 그만 가자. 엄마가 찾을 거야."

시호는 하라 손을 잡았어요. 하라는 자기도 모르게 하품이 나왔어요.

"병원에 있는 동안 푹 쉬도록 해. 잠을 잘 자야 기억력도 좋아지지. 너무 무리한 운동은 자제하고."

언니는 싱긋 웃으며 빵 쟁반을 들었어요.

언니와 인사를 하고 막 돌아서는데 맞은편에서 삼촌이 오고 있었어요. 시호와 하라는 반가워서 손을 흔들었어요. 그런데 삼촌은 뭐가 급한지 쌩 지나쳐 갔어요. 그러고는 빵집 앞에서 한 여자를 가볍게 안지 뭐예요? 그 사람은 바로 지금까지 같이 있었던 언니였어요.

"노란 머리핀 선물한 사람이 삼촌이었어?"

"언니 남자 친구가 삼촌이었던 거야?"

둘은 어안이 벙벙했어요.

뇌의 역할

뇌는 우리 몸에서 가장 중요한 역할을 하고 있어요. 하는 일도 굉장히 많지요. 뇌의 무게는 어른의 경우 남자가 1400g, 여자의 경우에는 1250g, 신생아의 경우 약 400g 정도라고 해요. 뇌는 10살쯤 거의 완성된답니다.

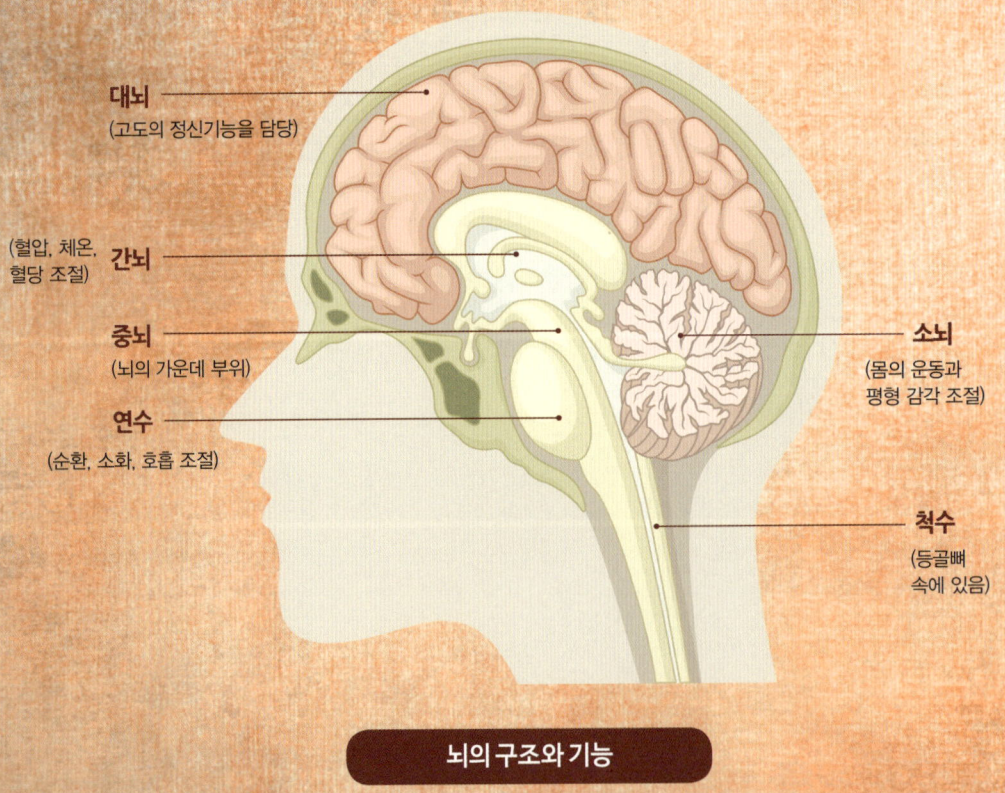

뇌의 구조와 기능

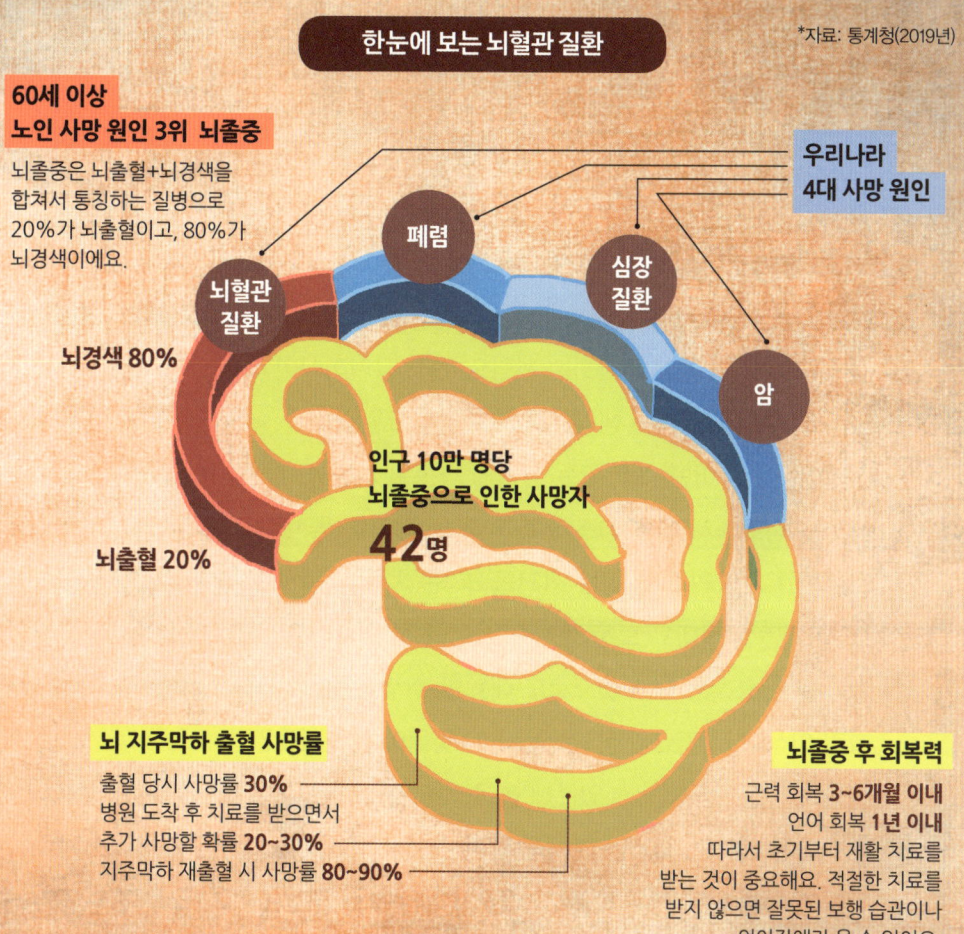

한눈에 보는 뇌혈관 질환

*자료: 통계청(2019년)

60세 이상 노인 사망 원인 3위 뇌졸중
뇌졸중은 뇌출혈+뇌경색을 합쳐서 통칭하는 질병으로 20%가 뇌출혈이고, 80%가 뇌경색이에요.

뇌경색 80%
뇌출혈 20%

폐렴 / 뇌혈관 질환 / 심장 질환 / 암

우리나라 4대 사망 원인

인구 10만 명당 뇌졸중으로 인한 사망자 **42명**

뇌 지주막하 출혈 사망률
출혈 당시 사망률 30%
병원 도착 후 치료를 받으면서 추가 사망할 확률 20~30%
지주막하 재출혈 시 사망률 80~90%

뇌졸중 후 회복력
근력 회복 3~6개월 이내
언어 회복 1년 이내
따라서 초기부터 재활 치료를 받는 것이 중요해요. 적절한 치료를 받지 않으면 잘못된 보행 습관이나 언어장애가 올 수 있어요.

뇌는 학습, 기억, 운동, 감정의 중심이 되는 신경세포가 있는 아주 소중한 곳으로, 크게 대뇌와 소뇌로 나뉘어요. 특히 사람의 뇌 가운데 약 80%를 차지하는 부분이 바로 대뇌랍니다. 대뇌는 크게 오른쪽 뇌와 왼쪽 뇌로 나뉘어 각기 다른 일을 하고 있지요. 왼쪽 뇌는 생각하고 말하는 일을 맡고 있는데, 주로 우리 몸의 오른쪽에 영향을 주고 있어요. 오른쪽 뇌는 예술이나 사물을 이해하고 관찰하는 일을 하고 있는데, 주로 우리 몸의 왼쪽에 영향을 준답니다. 그리고 소뇌는 우리 몸의 균형 감각과 운동 감각을 담당하고 있습니다.

장기이식이 가능한 장기의 종류와 문제점은 무엇일까?

가끔 TV를 통해서 장기이식에 대한 이야기를 들은 적이 있을 거예요. 장기이식에 대해 좋지 않게 생각하는 사람도 있고 장기이식이 꼭 필요하다는 사람도 있어요. 여러분은 어떤 생각을 가지고 있나요?

장기이식이란 어떤 조직 또는 장기의 파손된 기능을 대체할 목적으로 원래 존재하는 장소에서 다른 장소로 조직 또는 장기를 옮기는 것을 말해요. 한마디로 A라는 사람의 몸에 있는 장기를 B라는 사람의 몸으로 옮기는 것을 말하지요. 하지만 무턱대고 모든 장기를 이식할 수는 없어요. 장기이식은 이식할 장기가 꼭 필요하고 어떤 것으로도 대체할 수 없는 경우에만 가능해요.

그럼 이식이 꼭 필요한 장기에는 어떤 것들이 있을까요?

심장과 신장, 간을 들 수 있는데 이 중에서 심장과 신장은 대체할 만한 물품이 개발되어 있어요. 하지만 매우 한시적이라 장기 역할을 하기에 힘들다고 해요. 신장이 좋지 않은 경우 매주 투석을 해야만 하고 투석을 하지 않을 경우 신부

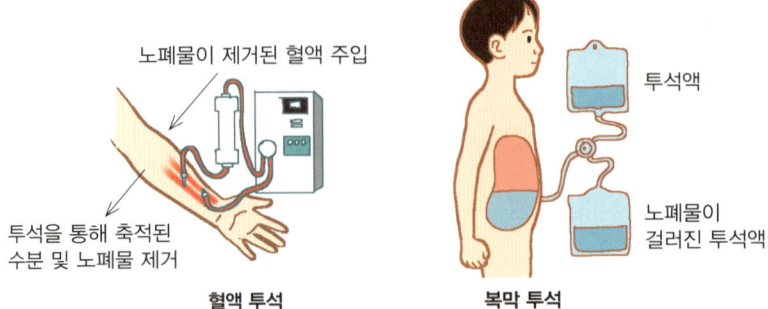

전증으로 발전해 죽음에 이르게 된답니다.

간의 경우에는 대체할 수 있는 물품이 없어요. 놀랍게도 간은 반으로 잘라내도 살아갈 수 있으며 시간이 흐르면 기능과 크기가 회복된다고 해요. 신장은 사람 몸에 두 개씩 있는데 한 개만으로도 살아갈 수 있다고 해요. 하지만 심장이나 간이 손상되어 기능을 상실하면 장기이식이 꼭 필요해요.

인공심장

장기이식의 종류에는 자가이식, 동종이식, 이종이식이 있어요. 자가이식은 말 그대로 자신의 신체 일부를 특정한 곳에서 다른 곳으로 이식하는 것을 말해요. 동종이식은 콩팥이식 또는 심장이식처럼 사람과 사람 사이에 이루어지는 이식을 뜻해요. 마지막으로 이송이식은 동불로부터 장기를 이식받는 것을 말해요. 동종이식은 가장 안전한 이식방법이지만 장기 공여자가 턱없이 부족해 장기이식을 기다리는 사람들이 상당히 많다고 해요. 전 세계적인 문제이기도 하지요. 부족한 현상으로 말미암아 장기매매라는 불법적인 일이 벌어지기도 해요. 이종이식은 아직 성공한 예가 없어요. 동물의 장기를 사람에게 이식하다 보면 거부반응이 일어나 이식한 장기가 자리를 잡지 못하게 된답니다. 또한 우리가 알지 못하는 새로운 바이러스로 인해 전염병이 생길 수도 있다는 문제점이 있어요.

장기이식을 하고 싶다고 다 할 수 있는 것은 아니에요. 법에서 정한 요건에 맞아야 장기이식으로 받아들여져, 필요한 사람에게 장기이식을 할 수 있어요. 우리나라 최초의 장기이식은 1969년 이용각 교수가 성공한 신장이식이에요. 그 후로 간이식, 심장이식 순으로 장기이식이 본격화되었지요.

여러분은 장기이식에 대해 어떻게 생각하나요? 친구 또는 부모님과 이야기해 보세요.

퀴즈

빵순이 시호랑 하라가 내기를 했어요. 하라가 낸 문제를 시호가 다 맞히면 맛있는 크림치즈 빵을 사주기로 했거든요. 하라가 낸 문제를 여러분도 한 번 맞혀 보세요.

❶ 시호 친구 하랑이는 그림 그리기 대회에서 최우수상을 탔어요. 어디 그뿐인가요? 노래도 굉장히 잘 불러요. 그렇다면 하랑이는 어느 쪽 뇌가 발달한 걸까요?

❷ 다음 그림을 보고 맞춰 보세요.
빛의 양을 조절하는 것은 무엇일까요?

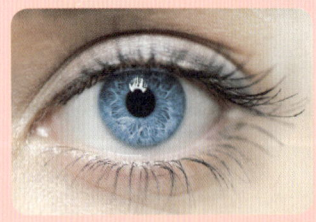

❸ 뇌의 앞쪽에 있으며 정보를 분별하고 판단하는 이곳의 명칭은 무엇일까요?

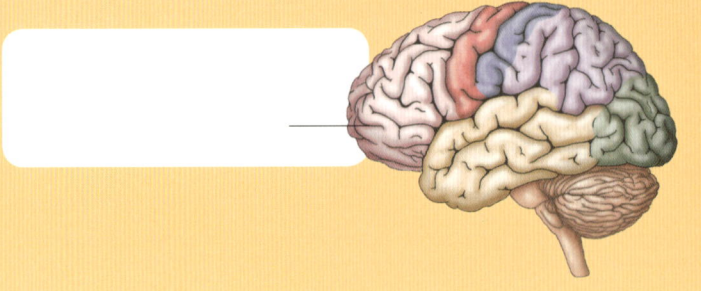

정답 ① 오른쪽 뇌 ② 홍채 ③ 전두엽

4장

오춘기 동생 사춘기

마법에 걸린 시호

쾅!

하라는 가슴이 덜컹했어요.

"아유, 속상해. 쟤가 정말 왜 저러는지 모르겠네."

시호 엄마는 답답한지 병실을 나갔어요. 조금 전 퇴원하라는 엄마와 퇴원하지 않겠다는 시호가 팽팽하게 맞섰어요. 그러다 시호는 고막이 찢어지도록 소리를 지르더니 문을 쾅 닫고 나가 버렸어요. 하라는 둘 사이에서 어쩔 줄 몰라 입을 꼭 다물고 있었어요.

"대체 얘는 어딜 간 거야?"

하라가 병실 문을 나서려는데 시호가 주머니에 손을 꽂고 걸어왔어요.

"엄마 나가는 거 보고 온 거야?"

"응."

하라는 침대에 벌렁 누운 시호가 낯설게 느껴졌어요. 괜히 짜증도 많이 내고 엄마하고는 사사건건 싸웠거든요. 그러고는 뜬금없이 혼자 있고 싶다며 말도 못 걸게 했어요. 하라도 이제 슬슬 별로 돌아가야 할 시간이 됐는데 쉽게 말할 수가 없었어요.

"산책하러 가자."

무슨 생각인지 시호가 하라 손을 잡아끌었어요. 1층으로 내려가는 엘리베이터 안에서 시호는 녹음기처럼 같은 말을 반복했어요.

"나 예뻐?"

"응. 겁나 예뻐."

지난번에 예쁘다는 말을 안 했다고 대성통곡한 시호가 생각나 하라는 대충 말했어요.

1층에 도착하자 시호는 채혈실 앞을 기웃거렸어요. 하라는 지구인에 대한 색다른 정보가 있나 싶어 같이 기웃거렸어요.

"저기 피 뽑아 주는 오빠 잘생겼지? 눈도 쌍꺼풀 없이 크고 코도 오뚝한 게 딱 내 스타일이야."

시호는 눈이 반달이 되어 웃고 있었어요. 하라는 솔직히 지구인 남자는 다 똑같아 보였어요.

"어머! 오빠가 날 쳐다봤어. 엄마 얏!"

얼굴이 빨개진 시호가 그 자리에 주저앉았어요. 하라는 시호가 이상했어요. 그런데 그 순간 갑자기 시호가 배를 움켜잡았어요.

"왜 그래?"

"아랫배가 살살 아파."

"똥 마렵나 보다. 얼른 화장실에 가자."

1층 화장실은 사람이 너무 많았어요. 구부정한 자세로 2층 화장실에 들어간 시호가 꺅! 하고 소리를 질렀어요.

"또 뭔데 그래?"

하라는 화장실 문 앞으로 달려갔어요.

"어떡해, 어떡해. 나 마법에 걸렸어."

"마법에 걸렸다고?"

"피…… 피가 보여."

하라는 얼마 전에 TV에서 본 마녀가 떠올랐어요.

"알았어. 잠깐만 기다려."

부랴부랴 화장실 밖으로 나간 하라는 당황했어요. 시호 엄마가 생각났지만 5층 병실까지 올라가기에는 시간이 없었어요. 하라는 빨리 도움을 요청해야 한다는 생각에 눈앞에 보이는 산부인과로 망설임 없이 들어갔어요.

"도와주세요. 친구가 마법에 걸렸어요. 피가 보인대요."

하라는 시호가 한 말을 한마디도 놓치지 않고 빠르게 전달했어요.

"마법? 아! 친구는 어디 있니?"

"화장실요."

시호 엄마와 비슷하게 생긴 아줌마가 서랍에서 뭔가를 꺼내 주머니에 넣었어요. 시호는 화장실에 나와서 웅크리고 있었어요. 울었는지 눈도 새빨개져 있었어요.

"괜찮아? 마녀는? 어디 다친 거야?"

하라는 엄마처럼 굴었어요. 그에 비해 아줌마는 침착했어요.

"이건 생리대야. 착용 방법은 알고 있니?"

시호가 고개를 절레절레 흔들자 아줌마가 직접 착용 방법을 알려 주었어요.

"먼저 생리대에 있는 접착띠를 잡아당겨. 그러면 생리대 아랫부분에 테이프처럼 옷에 붙일 수 있게 만들어 놓은 곳이 있어. 접착 부분을 속옷 바닥에 붙이면 돼. 이렇게 말이지. 쉽지?"

시호는 아줌마가 알려준 대로 하고 나왔어요.

"처음엔 좀 불편해도 적응하다 보면 괜찮아질 거야."

"감사합니다."

꾸벅 인사를 하는 시호 얼굴이 창백해 보였어요. 아줌마는 손목시계와 시호를 번갈아 보았어요.

"점심시간이라 잠깐 시간이 있는데 따뜻한 코코아 마실래? 따뜻한 걸 마시면 진정도 되고 배 아픈 것도 줄어들 거야."

하라와 시호는 고개를 끄덕였어요.

아줌마는 산부인과 진료실로 하라와 시호를 안내했어요. 그러고는 곧 따뜻한 코코아를 가지고 나왔어요. 하얀 가운을 입고 말이죠. 의사라면 좋아서 어쩔 줄 모르는 하라는 입이 귀에 걸렸어요.

"아까 시호한테 준 게 뭐였어요? 마법의 카드 같은 거예요?"

"풉!"

마법의 카드라는 말에 시호가 코코아를 뿜었어요.

"이름이 시호였구나. 시호는 몇 살이지?"

"11살이요. 이렇게 일찍 시작할 줄 몰랐어요. 괜히 기분이 이상해요."

시호는 고개를 푹 숙였어요.

"요즘은 과거보다 환경이 많이 달라졌을 뿐 아니라 먹거리도 예전과 달라져서 월경 시기도 빨라졌어. 월경은 부끄러워할 일이 아니라 축하할 일이야. 월경을 시작했다는 것은 아기를 가질 수 있는 성숙한 몸이 되었다는 뜻이거든. 예전보다 몸을 더 소중히 여겨야 해. 알았지?"

"네."

시호 표정이 조금 밝아졌어요. 하라는 시호에게 일어나는 일들이 전혀 이해가 되지 않았어요.

"월경은 또 뭐고 시호가 아기를 갖는다는 게 무슨 뜻이에요?"

"어이구. 내가 무슨 애를 가져."

시호는 하라에게 종주먹을 쥐어 보였어요.

"그나저나 그동안 시호에게 몸의 변화가 있었을 텐데 혹시 못 느꼈니?"

"음⋯⋯. 사실은 가슴이 찌릿찌릿 아팠어요."

"그건 아주 자연스러운 현상이야. 사춘기가 시작되면 정신적으로는 이성

하라의 비밀노트

달과 생리주기

월경을 생리, 멘스 등 다른 말로 부르기도 하는데 그중 달거리라는 말을 쓰기도 해요. 그렇다면 달거리는 어디에서 나온 말일까요? 달과 생리주기는 깊은 관계가 있어요. 난자가 성숙해서 배란(난소에서 성숙한 난자가 배출되는 현상)이 되고 배란이 된 뒤 임신이 되지 않으면 자궁 벽이 헐면서 달거리를 시작하는데, 그 시간이 딱 4주가 걸려요. 일주일이 네 번이니까 모두 28일이지요. 사람마다 3~4일의 차이가 나긴 하지만 대부분 28일에서 많이 벗어나지 않아요. 그런데 음력으로 보는 한 달과 달거리 주기가 딱 맞아떨어져요. 달도 달거리마냥 28일을 주기로 점점 모양이 변하면서 완전한 달이 되었다가 초승달이 되었다가 하는 현상을 반복하죠. 달을 보면서 달거리의 주기를 알 수 있다니 참 신기하지요?

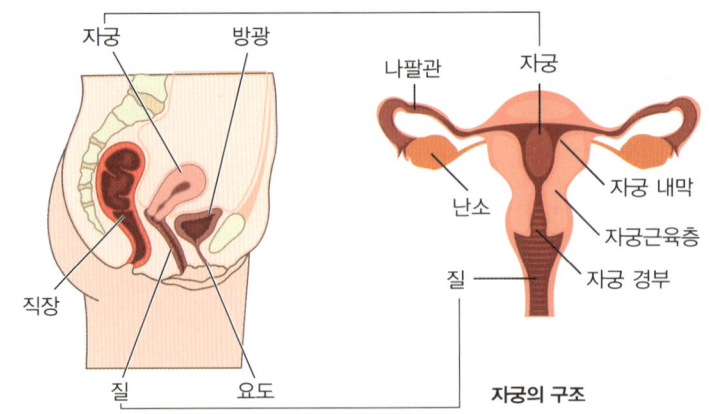

자궁의 구조

에게 호기심을 느끼면서 외모에 신경 쓰게 되고, 신체적으로는 가슴이 커지고 털도 여기저기 나기 시작해."

"그럼 나 예뻐? 한 게 그런 이유였단 말이야? 그리고 채혈실……."

하라는 더 말하려다가 시호와 눈이 마주쳤어요. 시호 눈에서 레이저가 번쩍거렸어요.

"무엇보다 제일 큰 변화는 월경을 한다는 거지. 월경은 자궁 안쪽 벽이 헐면서 세포와 혈액이 몸 밖으로 나오는 것을 말해. 다른 이름으로는 달거리, 생리, 멘스라고도 부르지."

"그런데요, 달거리는 왜 해요? 하기 싫으면 안 해도 되는 거죠?"

코코아를 다 마셔 버린 하라가 입맛을 다셨어요.

"달거리는 하고 싶다고 하고, 하기 싫다고 안 할 수 있는 것이 아니야. 달마다 난소 안에 있는 난자가 성숙해지는 동안 자궁 내막이 두툼해지는데, 이때 난자가 수정되지 못하면 두꺼워진 자궁 내막이 부서지면서 몸 밖으로 나오게 되는 거야. 맘대로 막을 수 있는 일이 아니란다."

"얼마나 하면 멈춰요?"

배가 아픈지 시호는 배를 살살 문질렀어요.

"보통 3~7일 정도 한다고 보면 돼. 언제 생리를 시작하고 언제 끝났는지 계산해 두면 편할 거야. 그런 걸 월경 주기라고 불러."

"에휴. 남자나 여자나 매달 달거리를 하려면 불편하겠다."

하라는 한숨을 내쉬었어요.

"이런, 오해했구나. 남자는 달거리를 하지 않아."

"엥? 남자는 왜 안 해요?"

흥분한 하라가 눈썹을 꿈틀거렸어요.

"남자도 2차 성징이 시작되면 정신적인 면에서는 여자와 비슷해. 하지만 외모적으로는 여자와 많이 달라져. 변성기가 와서 목소리가 변하고 남성 호르몬인 테스토스테론의 분비가 많아져서 목젖이 튀어나오지. 또한, 턱이랑 코에도 수염이 나기 시작해. 그것 말고도 또 있지."

하라의 비밀노트

남성의 2차 성징

남성은 2차 성징(성장하면서 신체 발달과 함께 나타나는 남자, 여자의 특징)이 일어나면 근육이 발달하고 목소리가 굵어지며, 얼굴에 수염이 나고 몸에 난 털이 굵어져요. 또한 어깨가 벌어지고 목젖이 튀어나오죠.

사춘기가 되면 키가 크듯이 남자의 고환도 커져요. '고환'은 아기씨가 되는 정자를 만드는 곳이에요. '부고환'은 고환에서 만들어진 정자를 보관하는 곳이랍니다. '정낭'과 '전립선'은 정자를 건강하게 유지시키는 액체를 만들지요. '고추'라고도 불리는 남자 성기의 정확한 이름은 '음경'이에요. 고환이 커지기 시작하면 음경도 두껍고 길어지지요. 음경 안의 '요도'는 방광에 있는 소변을 내보낼 뿐만 아니라 사정할 때 정자를 내보내기도 해요. '사정'은 음경에서 정액이 나오는 걸 말해요. '정액'은 정자와 정자를 건강하게 유지시키는 액체로 이루어져 있어요. 정액 한 방울에는 수백만 마리의 정자가 들어 있지요.

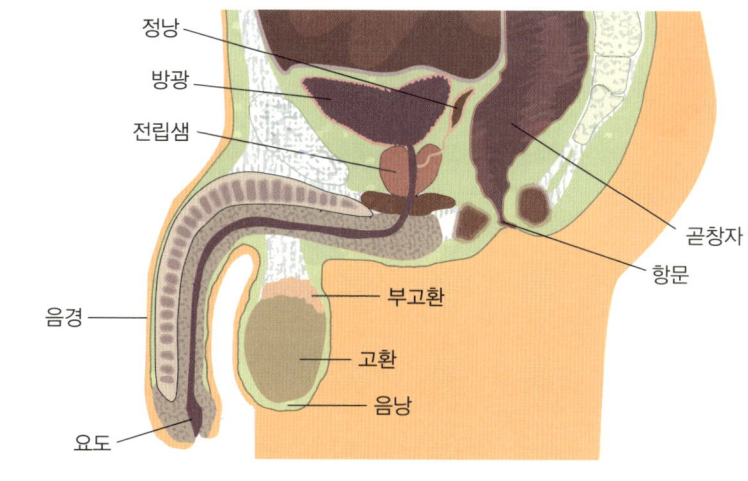

"그것 말고 또 변하는 게 있어요?"

"그럼. 생식기의 변화가 천천히 일어나지. 무엇보다 여자와 달리 몽정을 한단다."

시호와 하라는 몽정이라는 말을 처음 들어 봤어요.

"남자의 생식기관 중에는 부고환이 있어. 이곳에 모여 있던 정자가 잠을 자는 동안 자신도 모르게 몸 밖으로 나오는 것을 몽정이라고 하지."

"자는 동안 그런 일이 벌어지면 너무 놀랄 거 같아요."

"맞아. 달거리를 처음 시작할 때 반응이랑 같아. 걱정스럽고 겁을 먹기도 하지. 하지만 이 또한 어른이 되는 과정이니 놀랄 일은 아니야."

바로 그때 똑똑, 노크 소리와 함께 간호사 언니가 고개를 내밀었어요.

"선생님, 진료 시간인데요."

"어머, 내 정신 좀 봐. 더 궁금한 게 있으면 이따 다시 와도 좋아."

시호와 하라는 진료실을 나왔어요.

"사춘기라고 말하지 그랬어? 그럼 잘해 줬을 텐데."

"내가 사춘기인지 어떻게 알아. 잘해 주지 않아도 되니까 사고나 치지 마!"

쿵쿵거리며 시호가 걸어갔어요. 하라는 쫄래쫄래 시호를 따라갔어요.

아기가 갖고 싶어요

"시호야, 잠깐만."
하라가 발길을 멈추고 시호를 불렀어요.
"왜?"
시호가 고개를 돌렸어요. 하라는 엄마 품에 안겨 있는 아기를 보고 있었어요.
"예쁘다. 내가 본 지구인 중에서 가장 예뻐."
하라는 자석이 당기는 것처럼 아기 곁으로 다가갔어요.

아기는 기분이 좋은지 방긋 웃었어요.

"갖고 싶다. 작은 지구인."

"아기가 무슨 장난감인 줄 알아? 아기는 남자와 여자가 서로 사랑해서 낳는 거야."

"그럼 사랑하면 되잖아. 나 사랑할래."

시호는 기가 막혔어요. 하라는 아기 곁을 떠나지 않았어요. 시호는 배가

하라의 비밀노트

일란성 쌍둥이와 이란성 쌍둥이

쌍둥이는 어떻게 생기는 걸까요? 일란성 쌍둥이의 경우, 1개의 수정란이 초기에 2개로 쪼개져서 세포 분열을 각자 해요. 일란성 쌍둥이는 1개의 태반에서 같이 자란답니다. 그래서인지 일란성 쌍둥이는 성격과 얼굴이 매우 비슷해요.

이란성 쌍둥이는 처음부터 2개의 정자와 2개의 난자가 만나 2개의 수정란이 만들어지고 세포 분열도 각자 해요. 태반 역시 2개의 태반에서 각자 자라나지요. 이란성 쌍둥이는 일란성 쌍둥이와 다르게 성별이 다를 수도, 같을 수도 있어요. 그리고 성격도 다르고 얼굴도 다르지요.

사르르 아파 왔어요. 따뜻한 병실에 눕고 싶었지요.

"그럼 넌 여기 있어. 선생님 진료 끝나면 궁금한 거 많이 물어봐."

시호한테서 찬바람이 쌩 불었어요. 그래도 하라는 꿈쩍도 안 했어요. 시호는 내심 서운했어요.

시간은 화살처럼 빠르게 흘러갔어요. 사람들이 하나둘 빠져나가고 어느덧 진료 시간이 끝났어요. 하라는 급하게 진료실로 들어갔어요.

"아줌마! 아니 선생님. 저 아기 갖게 해 주세요."

갑작스러운 하라의 행동에 선생님은 말문이 막혔어요.

"시호가 그러는데 남자와 여자가 사랑하면 아기를 낳는대요."

"흥분하지 말고 앉아 볼래?"

선생님 말씀에 하라는 재빠르게 앉았어요.

"너처럼 아이를 원해서는 아니지만 어린 10대 미혼모들이 가끔 날 찾아오곤 해."

"10대 미혼모요?"

"성 지식이 없는 10대들이 아무런 준비도 없이 좋아하는 감정만으로 성관계를 해서 덜컥 아기가 생기는 경우지. 자기가 임신을 한 줄도 모르고 있다가 배가 불러오면 당황해서 어쩔 줄 몰라 해."

"그럼 아기는요? 아기는 누가 키워요?"

하라는 마음이 조마조마했어요.

"당연히 경제적인 능력이 없으니 낳고 키우기도 쉽지 않지. 부모가 되기 전에 준비를 철저히 한다 해도 막상 아기가 태어나면 실수가 잦아져. 그런데 준비 없이 아기를 맞이했으니 아기도 어린 부모도 힘들 수밖에 없지 않겠니? 그러다 보니 임신 중절 수술을 하거나 아기를 돌봐 줄 만한 시설에 맡기게 되는 일이 많아. 임신 중절 수술은 엄마의 건강에도 좋지 않지만 소중한 생명을 저버리는 일이라 특별한 경우를 제외하고는 신중해야 할 문제야."

"아기가 불쌍해요."

하라는 눈물을 글썽였어요.

"그래서 올바른 성 지식이 필요한 거야."

"휴……."

하라가 한숨을 길게 쉬었어요. 무턱대고 아기를 갖겠다고 한 자신이 부끄러워졌어요.

"그런데 말이죠. 아기는 어떻게 만들어져요?"

하라는 내내 궁금했던 질문을 던졌어요.

"학교에서 남자의 정자와 여자의 난자가 만나 수정란이 되는 건 배웠지?"

그때 문이 벌컥 열렸어요. 시호였어요. 하라가 혹시라도 실수할까 봐 헐레벌떡 뛰어온 모양이었어요.

"저…… 저도 궁금한 게 많아서요."

"어서 와. 그렇지 않아도 정자와 난자 얘기를 하고 있었어."

"아, 수정란으로부터 아기가 생기는 거요? 하라야, 우리도 배웠잖아."

시호는 하라 허벅지를 살짝 꼬집었어요. 하라는 억지로 고개를 끄덕였어요.

"난자와 정자가 만나는 건 성관계를 통해서야. 2~3억 마리의 정자 중 가장 건강한 정자가 난자를 만나 하나의 수정란이 되는 거지. 수정란은 처음에는 하나의 세포였지만 시간이 지날수록 2개가 되고 4개, 8개로 점점 불어나. 그 세포들이 아기의 뇌가 되기도 하고 손과 발이 되기도 하는 거야."

"와아. 시호도 그렇게 태어났구나."

하라의 비밀노트

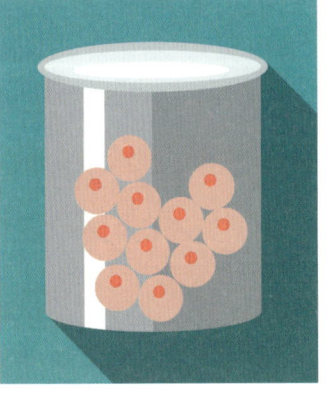

정자 은행이란?

정자 은행은 정자를 안전하게 보관해 두는 곳을 말해요. 돈을 맡기는 은행처럼 말이죠. 난자도 정자처럼 보관해 두는 난자 은행이 있어요. 여러 가지 이유로 아기를 가질 수 없는 부부는 다른 사람의 정자나 난자를 가져다 수정을 시킬 수 있어요. 하지만 난자는 정자보다 얻기가 어려워서 구하기가 힘들다고 해요.

하라는 혼자 감탄을 했어요.

"어제 TV를 보니까 일부러 아기를 안 갖는 사람도 있던데 왜 그런 거예요?"

"너 또 TV 봤어?"

"잠이 안 와서. 헤헤."

하라는 시호를 보고 해발쪽 웃었어요.

"세상에는 아이를 원하는 부부도 있지만 그렇지 않은 부부도 있어. 그걸 가지고 옳고 그름을 따질 수는 없지."

"아기를 가지지 않으려면 난자와 정자를 못 만나게 해야 하는데 무슨 수로 못 만나게 해요?"

시호는 의아해했어요.

"임신을 피하려고 피임이라는 것을 하지. 월경 주기를 이용해 임신이 가능한 기간을 피하거나 남자들이 콘돔을 사용하거나 여자들이 피임약을 먹는 것을 피임이라고 해. 피임약은 건강에 이롭지는 않아."

선생님은 찻잔에 차를 따랐어요. 향긋한 차 향기가 방 안에 퍼졌어요. 시호는 향기를 맡자 문득 엄마가 생각났어요. 시호 엄마가 차를 아주 좋아하거든요.

"엄마가 저를 임신했을 때 입덧이 심해서 토하기만 하고 아무것도 못 먹었대요."

"많이 고생하셨겠구나. 사람마다 다르긴 하지만 입덧이 심해서 병원에 입원하는 경우도 있어. 아기는 엄마 뱃속에 10개월 정도 있으면서 엄마가 먹는 대로 먹고 엄마가 들려주는 대로 듣고 엄마가 느끼는 감정 그대로 느낀단다. 그래서 임신부는 주위의 관심과 배려가 필요해. 특히 배우자의 배려가 필요하지."

"그래서 지하철에도 임신부 배려 자리가 있는 거죠?"

"맞아."

선생님은 싱긋 웃었어요. 그런데 하라는 다리를 계속 떨었어요. 궁금한

하라의 비밀노트

트랜스젠더 커뮤니티를 상징하는 깃발

성전환이란?

성전환은 환경 혹은 인공적인 수술을 통해 태어날 때와 다른 성별로 바꾸는 것을 말해요. 트랜스젠더(Transgender)는 사회적 성과 생물학적 성이 일치하지 않는 사람을 가리키죠. 이들 중 자신의 육체적 성별의 반대 성별 집단의 일원이 되기를 원하는 이들을 성전환자(트랜스섹슈얼)라고 해요. 하지만 모든 트랜스젠더가 성전환자인 것은 아니에요.

게 있는 듯한 표정이었죠.

"또 뭐가 궁금한데?"

시호는 하라에게 빨리 말하라고 눈치를 주었어요.

"그게…… 진짜 물어봐도 돼?"

"응."

"선생님, TV를 보니까……."

"야! 너 나 몰래 TV를 얼마나 본 거야?"

시호 목소리가 진료실에 쩌렁쩌렁 울렸어요.

"괜찮아. 말해 봐."

선생님의 부드러운 말투에 하라는 용기를 내어 입을 열었어요.

"TV를 보니까 수술을 통해서 남자가 여자가 되고 여자가 남자가 되기도 하더라고요. 정말 그게 가능해요?"

하라의 말을 듣고 시호도 놀라는 눈치였어요.

"그런 수술을 성전환 수술이라고 널리 부르고 있어. 성 정체성이 분명하지 않을 경우 수술을 통해서 성 정체성을 회복하는 거지. 외모가 바뀌면서 자존감이 살아나고 행복하게 살아가는 경우도 많아. 하지만 수술로 인체 본래의 기능인 난자와 정자를 만들어 낼 수는 없어."

"그러고 보니 저도 들은 적 있는 거 같아요."

시호는 TV에서 봤다고 얘기하려다 하라를 구박한 게 생각나 TV 소리는 쏙 뺐어요.

"궁금한 게 있으면 언제든지 와도 돼요?"

궁금증 대마왕인 하라가 실실 웃었어요. 시호는 선생님이 들리지 않게 "또 오려고?" 하며 입을 삐끔거렸어요. 그런데 선생님은 1초의 망설임도 없이 대답했어요.

"언제든지 환영이지."

진료실을 나온 시호는 뭔가 어른이 된 느낌이 들었어요. 그런 느낌을 하라가 알았는지 시호를 툭 쳤어요.

"넌 괜찮은 지구인이 될 거야."

"뭐야! 그럼 이제까지 이상한 지구인이었어?"

"그게 아니라 당당하고 멋진 여자 지구인이 될 거라는 말이지."

시호는 하라의 칭찬에 기분이 묘했어요.

"왜 그래? 곧 떠날 것처럼."

하라가 떠난다고 생각하자 시호는 코끝이 찡했어요.

"우리 채혈실 오빠나 보러 갈까? 오~~~빠!"

하라는 혀를 쏙 내밀고 뛰어갔어요. 시호는 하라의 뒷모습을 보면서 하라가 지구에 남을 거라는 느낌이 강하게 왔어요. 왜냐하면, 하라는 지구인에 대해 알고 싶은 게 너무 많은 궁금증 대마왕이니까요!

아기가 태어나는 과정

정자와 난자가 어렵게 만나 엄마 뱃속에서 10달 동안 무럭무럭 자라 세상 밖으로 나오는 것이 바로 여러분이에요. 그만큼 여러분은 소중하고 사랑스러운 존재랍니다. 그렇다면 아기는 어떻게 생기는 것인지 함께 살펴볼까요?

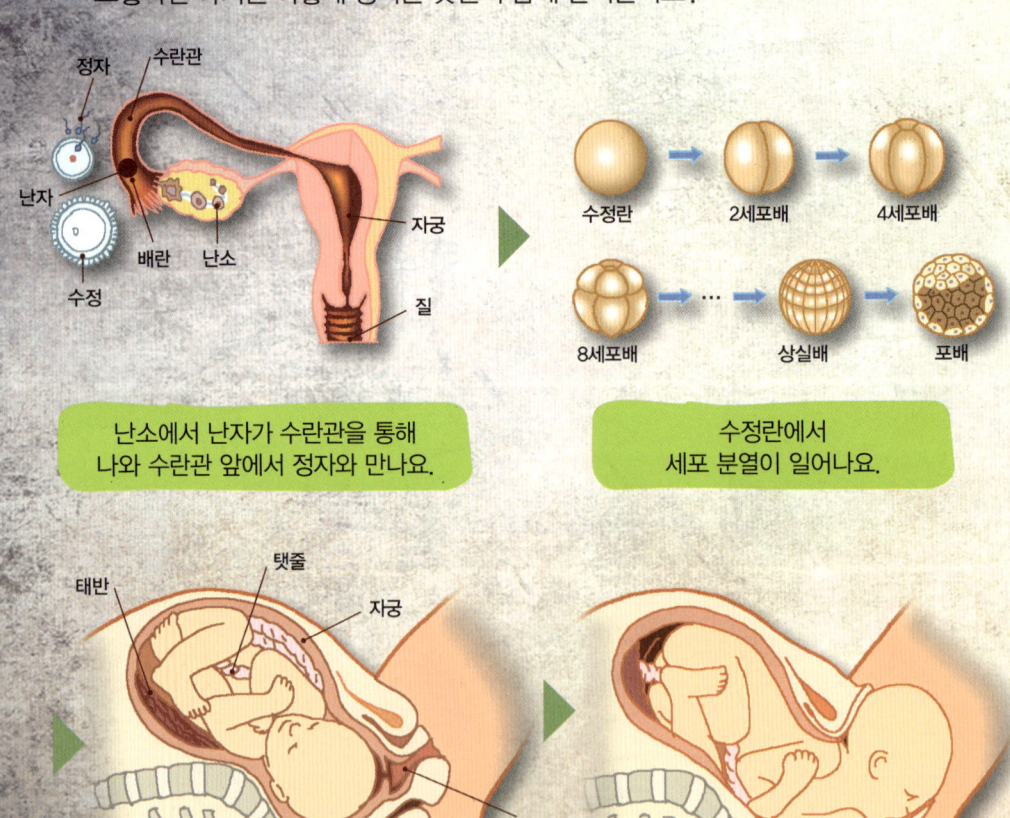

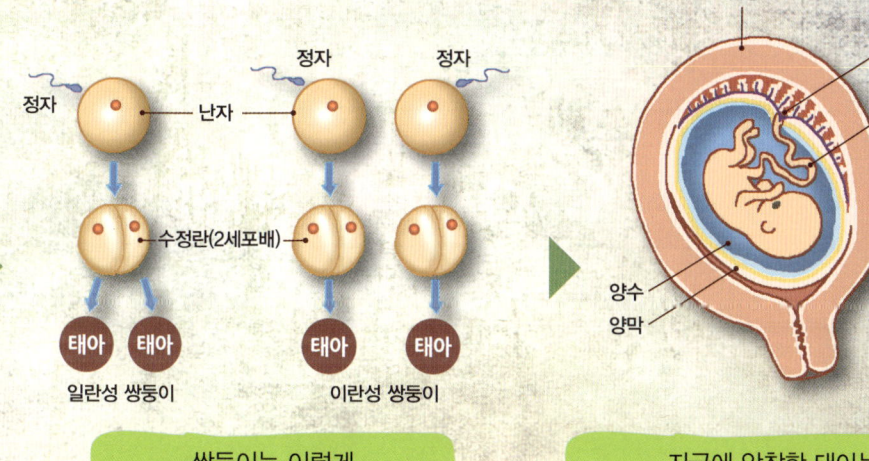

▶ 쌍둥이는 이렇게 세포 분열이 일어나요.

▶ 자궁에 안착한 태아는 태반을 통해 영양을 공급받아요.

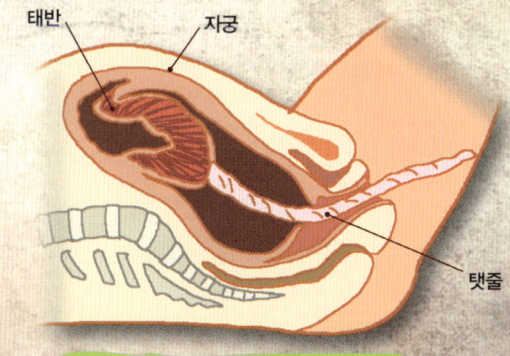

▶ 태아가 나오고 태반이 배출된답니다.

인간 복제, 무엇이 문제일까?

복제란 어떤 것을 똑같이 만들어 내는 것을 의미해요. 가장 쉬운 것이 물건의 복제라고 할 수 있지요. 소설이나 만화에서나 가능했던 복제가 기술의 발달로 우리 바로 곁에서 일어나고 있어요. 1997년 복제양 돌리를 시작으로 동물들의 복제가 이루어졌어요. 동물 복제에 이어 인간 복제가 이루어진다면 과연 어떨까요?

엄마, 아빠 사이에서 태어난 아기를 자세히 보면 신기하게도 엄마와 아빠를 닮아 있어요. 그 이유는 엄마와 아빠 사이에서 반반씩 물려받은 염색체 때문이랍니다. 사람 몸에는 약 100조 개나 되는 세포가 있다고 해요. 세포 속에는 핵이 있고 핵 속에는 46개의 염색체가 들어 있는데, 염색체 속에는 DNA라는 것이 있어요. DNA에는 군데군데 유전자가 있고 그 유전자가 생김새를 결정하는 거지요. 아빠를 닮아 눈이 클 수도 있고 엄마를 닮아 입술이 얇을 수도 있는 거랍니다.

그럼 이렇게 엄마와 아빠를 반반 닮은 아기가 난자와 정자의 결합 없이 태어나는 것이 가능할까요? 2000년대 초 라엘리안 무브먼트(종교 단체) 계통의 회사 클로네이드에서 인간 복제가 성공했다고 주장한 적이 있지만 검증되지

않은 사실이랍니다.

인간 복제란 정자와 난자가 수정된 후 태아로 발육되기 전의 세포 분열 상태인 인간배자를 복제해 동일한 유전자를 가진 인간을 출산해 내는 것을 말해요.

인간 복제를 찬성하는 사람들은 어떤 이유에서 인간 복제를 원하고 있는 걸까요?

첫 번째는 부모 중 유전적인 병을 앓고 있는 경우 아이에게 유전병을 물려주지 않아도 된다는 것이에요. 불치병을 고칠 수도 있다는 거지요. 두 번째는 장기이식의 어려움에서 벗어난다는 점이에요. 세 번째는 아기를 가질 수 없는 부부들이 자기의 유전자와 똑같은 아이를 어렵지 않게 가질 수 있다는 것이지요. 네 번째는 죽은 사람도 다시 살릴 수 있다는 거예요. 사랑하는 사람을 잃었을 때 그 사람을 다시 살릴 수 있다는 것이지요. 다섯 번째는 유전적인 결함을 해결할 수 있다는 거예요.

위에서 말한 것처럼 찬성의 이유는 많아요. 하지만 그에 못지않게 반대하는 의견도 많지요.

첫 번째는 인간의 존엄성을 훼손할 수 있다는 점이에요. 인간의 생명은 고귀한 것이므로 함부로 할 수 없으며 인간 복제는 윤리적으로 위반되는 행위라는 것이지요. 두 번째는 종교적인 혼란이 올 수 있다는 거예요. 세 번째는 혈연으로 맺어진 가족공동체가 흔들릴 수 있다는 점이에요. 네 번째는 우리도 모르게 악용될 수 있다는 거예요. 다섯 번째로는 복제된 인간의 정체성에 혼란이 올 수 있다는 점을 들 수 있어요.

이처럼 찬성 의견과 반대 의견이 팽팽하게 맞서고 있지만 아직은 전 세계적으로 나라마다 법률을 바탕으로 법적 제한을 두고 있어요.

복제 동물에 이어 인간 복제가 과연 옳은 일일까요? 여러분도 부모님 또는 친구와 의견을 나누어 보세요.

퀴즈

사춘기가 되면 정신적으로나 외모적으로 변화가 생기기 시작해요.
자연스러운 현상이지만 당황하거나 겁을 먹는 친구들도 있지요.
사춘기에 일어나는 변화들을 O, X로 풀어 볼까요?

❶ 이성에 대한 호기심이 생긴다. ( )

❷ 왕성한 호르몬 작용으로 여드름이 생기지 않는다. ( )

❸ 여자는 가슴이 나오기 시작한다. ( )

❹ 남자는 목젖의 변화가 없다. ( )

❺ 여자는 월경을, 남자는 몽정을 한다. ( )

정답 ① O ② X 왕성한 호르몬 작용으로 여드름이 생기기 시작해요. ③ O ④ X 남자는 목젖의 변화가 생기며, 남자는 변성기가 시작됩니다. ⑤ O

몸과 성 관련 사이트

참여보건연구회 www.1004bang.net
보건 교육자료와 학교보건 정보 공유를 목적으로 설립된 사이트로 몸과 성, 건강 보건에 대한 다양한 자료를 검색해 볼 수 있답니다.

푸른 아우성 www.aoosung.com
성교육 강사 구성애 선생님이 만드신 사이트로 청소년들의 올바른 성 가치관 정립에 앞장서고 있어요. 청소년 성 고민 상담소도 함께 운영하고 있지요.

아하! 센터 www.ahacenter.kr
서울시와 YMCA가 함께 운영하는 청소년 성교육·성상담 전문기관으로, 모든 사람이 존중받는 평등하고 평화로운 성문화를 일구기 위해 노력하고 있어요. 어린이와 청소년의 발달단계와 성별 특성을 고려하여 대상별·주제별의 맞춤형 성교육 프로그램을 운영하고 있답니다.

학생 건강 정보 센터 www.schoolhealth.kr
교육부와 17개 시·도 교육청의 지원으로 한국 교육 환경 보호원에서 위탁운영되는 사이트에요. 국가 기관·교육청·유관 기관 등에서 보급하는 각종 성교육 자료들을 제공하고 있어요. 성과 건강 이외에 신체에 관련된 다른 정보들도 한눈에 둘러볼 수 있답니다.

아동 안전 교육 센터 childsafe.kohi.or.kr
보건복지부로부터 아동 안전사고 예방 사업을 위탁, 수행하는 공공 기관이에요. 보호자 대상으로 아동 안전 교육(성폭력 예방 교육) 등을 정기적으로 실시하고 있어요.

어려운 용어를 파헤치자!

오감 오감은 시각·청각·후각·미각·촉각 5가지 감각으로, 감각을 신체에 있는 감각수용기의 종류에 따라 분류한 거예요. 수용기는 시각의 경우 눈의 망막, 청각은 귀의 달팽이관, 후각은 코의 비점막, 미각은 혀의 맛봉오리, 촉각은 피부에 있지요.

연골 연골세포와 연골기질로 구성된 조직으로 대개 관절의 일부를 이뤄요. 물렁뼈라고 부르기도 하는데 뼈와 뼈 사이에 있으면서 완충 역할을 해 준답니다.

근육 근육세포들의 결합조직으로 수축 운동을 통해 개체의 이동과 자세 유지, 체액 분비 등을 담당하는 신체기관이에요. 가로무늬근 조직과 민무늬근 조직, 심근조직 등이 있지요.

섬모 세포 표면에 나 있는 길이가 짧고 움직일 수 있는 가느다란 털로, 기관에 많이 나 있어 먼지를 거른답니다.

월경 주기 월경을 시작한 첫날부터 다음번 월경 시작 전날까지의 기간을 말해요. 월경 주기는 사람마다 달라요. 보통 26일에서 35일 사이지요.

2차 성징 생식기관 이외의 신체 각 부위에서 나타나는 남녀의 특징으로 전신의 체형, 골격, 근육, 피부, 피하조직, 발모(몸에 털이 나는 것) 상태, 유방, 후두 등에서 변화가 일어나는 것을 말해요. 2차 성징을 사춘기에 나타나는 남녀의 특징이라고 정의하기도 해요.

성전환 환경 혹은 인공적인 수술을 통해 태어날 때와 다른 성별로 바뀌는 것을 말해요.

트랜스젠더(Transgender) 사회적 성과 생물학적 성이 일치하지 않는 사람을 가리켜요.

천공 수술 압력이 높아진 두개골의 옆구리 부분을 날카롭고 딱딱한 도구로 뚫는 수술이에요.

감각점 사람의 피부와 점막에 분포되어 냉각·온각·압각·통각을 느끼는 부위예요.

모공 털이 자라나는 입구로 피부 속에서 분비되는 피지와 노폐물을 배출하는 통로를 말한답니다.

섬유주 생물체 내의 조직을 지탱하는 작은 기둥 모양의 섬유성 구조를 말해요.

허파꽈리 기관지 끝에 포도송이 모양으로 붙어 있는 한 층의 얇은 막으로 된 주머니예요.

이자 위의 뒤쪽에 있는 길이 약 15cm의 가늘고 긴 장기예요.

성장판 다리 뼈에서 가운데 부분과 양끝 부분의 사이에 남아 있는 연골조직으로 골의 길이 성장이 일어나는 부분이에요.

섬모 콧속이나 기관지에 있는 가는 털이에요.

색맹 색맹은 색깔을 구별하지 못하는 것으로 전색맹과 부분 색맹이 있어요. 전색맹은 명암, 즉 어둡고 밝은 것만 구별할 수 있고 색깔은 전혀 구별할 수가 없지요. 부분 색맹은 적록 색맹과 청황 색맹으로 나뉘는데 청황 색맹은 노랑과 파랑을 구별 못 하고 적록 색맹은 빨강과 녹색을 구별 못 한답니다.

홍채 수정체 주위를 둘러싼 막으로, 색소를 함유하여 눈의 색깔을 결정하고 눈으로 들어오는 빛의 양을 조절해요.

맛봉오리 혓바닥에 솟아 있는 수많은 돌기를 유두라고 하는데, 맛봉오리는 이 유두의 옆구리에 모여 있는 것을 말해요.

반고리관 몸이 얼마나 회전하는지를 감지하는 평형기관이에요.

배란 난소에서 성숙한 난자가 배출되는 현상을 말해요.

인간 복제 정자와 난자가 수정된 후 태아로 발육되기 전의 세포 분열 상태인 인간배자를 복제해, 동일한 유전자를 가진 인간을 계속 출산해 내는 것을 말해요.

신나는 토론을 위한 맞춤 가이드

몸과 성에 대한 이야기를 재미있게 읽었나요? 이제 몸과 성에 관한 한 박사가 다 되었다고요? 그 전에 마지막 단계인 토론을 잊지 마세요. 토론을 잘하려면 올바른 지식과 다양한 정보가 바탕이 되어야 해요. 책을 다 읽고 친구 또는 엄마와 함께 신나게 토론해 봐요!

잠깐! 토론과 토의는 뭐가 다르지?

토론과 토의는 모두 어떤 문제를 해결하기 위해 의견을 나누는 일입니다. 하지만 주제와 형식이 조금씩 달라요. 토의는 여러 사람의 다양한 의견을 한데 모아 협동하는 일이, 토론은 논리적인 근거로 상대방을 설득하는 일이 중요합니다. 토의는 누군가를 설득하거나 이겨야 하는 것이 아니기 때문에 서로 협력해서 생각의 폭을 넓히고 좋은 결정을 내릴 때 필요해요. 반면 토론은 한 문제를 놓고 찬성과 반대로 나뉘어 서로 대립하는 과정을 거치지요.

넓은 의미에서 토론은 토의까지 포함하는 경우가 많습니다. 토론과 토의 모두 논리적으로 생각 체계를 세우고, 사고력과 창의성을 높이는 데 도움을 준답니다.

토론의 올바른 자세

말하는 사람
1. 자신의 말이 잘 전달되도록 또박또박 말해요.
2. 바닥이나 책상을 보지 말고 앞을 보고 말해요.
3. 상대방이 자신의 주장과 달라도 존중해 주어요.
4. 주어진 시간에만 말을 해요.
5. 할 말을 미리 간단히 적어 두면 좋아요.

듣는 사람
1. 상대방에게 집중하면서 어떤 말을 하는지 열심히 들어요.
2. 비스듬히 앉지 말고 단정한 자세를 해요.
3. 상대방이 말하는 중간에 끼어들지 않아요.
4. 다른 사람과 떠들거나 딴짓을 하지 않아요.
5. 상대방의 말을 적으며 자기 생각과 비교해 봐요.

체계적으로 생각하기

나의 몸속은 어떻게 생겼을까?

눈으로만 보던 나의 몸속을 직접 그려 보아요. 정확한 그림을 그리지 않아도 괜찮아요. 기관들의 사진을 오려서 붙여도 좋고 이름을 적어도 좋아요. 기관들을 그려서 이름을 적다 보면 어느새 내 몸을 잘 아는 척척박사가 되어 있지 않을까요?

나의 몸

치킨, 피자가 뇌 발달을 막는다고?

출출한 밤에 가장 먼저 떠오르는 것은 바로 치킨? 그래요. 우리가 먹는 치킨이나 피자는 간식으로도 좋고 밤에 먹는 야식으로도 사람들이 많이 찾지요. 하지만 고지방식의 간식들이 살을 찌게 할 뿐만 아니라 성장기 뇌의 발달에도 영향을 준다는 사실을 알고 있나요? 아래 기사(D일보)를 읽고 친구들과 이야기를 나누어 보세요.

스위스 취리히연방공대 마리 아나이스 라보우세 교수팀은 고지방식이 뇌 발달을 저해한다는 사실을 밝혀 국제학술지 '분자정신의학(Molecular Psychiatry)' 15일자에 발표했다.

연구진은 실험 결과 고지방식을 먹인 쥐의 뇌에서 신경활동 단백질인 '릴린(reelin)'의 혈중 수치가 현저하게 떨어진다는 사실을 알아냈다. 릴린은 시냅스(신경세포 접합부분)가 잘 작동하도록 돕는 기능을 한다. 시냅스가 제 기능을 못 하면 기억, 판단, 감정 조절 등 전반적인 뇌 기능 장애로 이어진다.

연구진은 쥐에게 지방 성분이 많은 음식을 먹이며 이들에게 나타나는 변화를 관찰했다. 고지방식을 시작한 성장기의 쥐들은 이미 4주째가 됐을 때 인지 기능에 장애를 보였다. 반면 다 자란 성인 쥐에게서는 식이 변화로 인한 뇌 기능 장애가 발견되지 않았다. 연구진은 이 까닭을 지방이 뇌 전두엽 전전두피질의 기능에 문제를 일으킨 것으로 보고 있다. 사람의 경우 전전두피질은 의사결정과 복잡한 행동에 대한 계획, 감정 조절, 사회적 행동 조절 등의 주요 기능을 담당하는 부위다.

라보우세 교수는 "식이 변화로 살이 찌기도 전에 뇌 발달이 먼저 저해되기 시작했다"며 "성장기에 전전두피질이 뇌의 다른 부위에 비해 미성숙해 릴린 단백질에 대한 의존도가 높기 때문"이라고 밝혔다.

고지방식이 고지혈증, 고혈압 등 심혈관계 질환을 유발하는 것은 물론, 기억력과 문제풀이 능력이 떨어지는 등 일부 뇌 기능에 부정적인 영향을 미친다는 사실은 이전에도 알려져 있었으나 주로 원인을 혈중 콜레스테롤 수치에서 찾았다. 그러나 뇌 발달 전반에 직접적인 영향을 준다는 사실이 동물실험을 통해 입증된 건 이번이 처음이다.

공동 저자인 우르스 메이 취리히연방공대 정신생물학과 교수는 "그동안 고지방식이 뇌에 어떤 영향을 미치는지에 대해서는 밝혀진 바가 많지 않았다"며 "성장기에 고지방식이 뇌에 미치는 영향은 비만보다 더 심각한 수준"이라고 우려했다.

1. 우리 주변에서 흔히 볼 수 있는 고지방식 음식들을 찾아보고 우리 몸에 필요한 고지방 음식과 필요하지 않은 고지방 음식을 구별해 봅시다.

2. 치킨이나 피자는 꼭 먹고 싶은데 건강하게 먹을 수 있는 방법은 없는지 친구들과 의견을 나누어 봅시다.

논리적으로 생각하기 2

임산부 배려석, 비워 둬야 할까?

지하철을 타다 보면 임산부가 힘들게 서서 가는 경우를 종종 볼 수 있어요. 자리를 양보해 주는 경우도 있지만 못 본 척 눈을 감아 버리는 경우도 있답니다. 아래 기사(D일보)를 읽어 보고 임산부 배려석에 대해 이야기를 나누어 봅시다.

지하철 전동차의 임산부 배려석 시트를 교체하는 작업이 지난해 시작됐지만 임산부들이 느끼는 불편은 여전한 것으로 나타났다. 20일 서울메트로와 서울도시철도공사가 서울시의회 김상훈 의원(더불어민주당·마포1)에게 제출한 자료에 따르면 지난해 5월부터 현재까지 1~4호선 3908석, 5·8호선 1396석의 임산부 배려석이 새롭게 바뀌었다. 2014년 처음 임산부 배려석을 선보였을 때는 좌석 위쪽에 '임산부 먼저'라는 스티커만 붙어 있었는데 이를 눈에 잘 띄도록 분홍색 시트로 교체하는 것이다. '이 자리는 임산부를 위한 자리입니다. 양보해 주세요'란 바닥 표지도 별도로 설치했다. 이후 6·7·8호선 1836석이 순차적으로 교체된다.
그러나 임산부 커뮤니티 사이트인 '맘스홀릭베이비'에는 "임산부 자리는 비어 있는 경우가 별로 없고 노약자석은 어르신들이 눈총을 줘서 결국 서서 갈 수밖에 없다"고 불편을 호소하는 글이 끊이지 않는다.
2014년부터 2016년 9월까지 서울메트로와 서울도시철도공사에는 임산부 배려석 이용에 대한 민원이 339건 접수됐다. 2014년 27건에서 2015년 146건, 2016년 9월 말 현재 166건 등 임산부 배려석이 늘어날수록 민원도 덩달아 증가하고 있다. "임산부가 앉을 수 있도록 평소에는 비워 두게 하는 홍보가 필요하다", "아직 배려석이 설치되지 않은 차량이 많다" 등의 내용이 주를 이룬다.
각 보건소에서 초기 임신부를 위해 열쇠고리나 동전지갑 형태의 표지를 배포하고 있지만 아직 널리 알려지지 않았다. 이를 알아보는 일반 승객도 거의 없을 뿐 아니라 이용하는 임신부도 많지 않다. 또 수도권을 오가는 코레일 소속 전동차에는 배려석이 없는 경우가 많다. 서울메트로 관계자는 "서울 안에서 운행하는 지하철은 전량 설치가 끝났지만 경기, 인천과 서울을 잇는 1·3·4호선은 이용자들의 불만이 높다"고 설명했다.

1. 임산부 배려석은 왜 생겨났을까요?

2. 임산부 배려석은 말 그대로 임산부를 위한 자리입니다. 과연 임산부 배려석은 미리 비워 두는 것이 좋을까요? 아니면 앉았다가 임산부가 나타나면 비켜주는 것이 좋을까요?

| 비워 둬야 한다. | vs | 비워 두지 말아야 한다. |

3. 임산부 배려석이 아니더라도 평상시에 임산부를 위한 배려로는 어떤 것들이 있는지 친구들과 의견을 나눠 봅시다.

 **창의력 키우기**

키와 뇌의 성장 노트 만들기

키가 커지려면 적절한 운동과 균형 잡힌 식생활이 필요합니다. 또한 성장기의 뇌 건강을 위해서는 고지방식의 음식은 피해야 한다고 합니다. 키와 뇌의 성장 노트를 매일매일 체크하면서 키도 크고 뇌도 성장하도록 해 보세요.

〈키 쑥쑥 뇌 쑥쑥〉

날짜	아침	점심	저녁	간식	운동

느낀 점:

치킨, 피자가 뇌 발달을 막는다고?

1. 우리 주위에서 볼 수 있는 고지방식 음식으로는 인스턴트 음식을 포함한 삼겹살, 버터, 치킨, 피자, 햄버거 등이 있다. 하지만 고지방 음식이라고 해서 다 나쁜 것은 아니다. 패스트푸드나 인스턴트 음식처럼 우리 몸에 해로운 고지방 식품과 달리 생선이나 계란, 올리브 오일, 견과류처럼 우리 몸에 필요한 고지방 식품도 있다.

2. 치킨을 기름에 튀기는 대신 가급적이면 삶아서 먹거나 오븐에 구워 먹는다. 피자도 피자도우는 얇게 해서 탄수화물과 기름 함량을 줄이고 야채를 많이 넣어서 먹는다.

임산부 배려석, 비워 둬야 할까?

1. 임신을 하게 되면 엄마의 몸은 많은 변화가 일어난다. 임신 초기에는 각별히 조심해야 하는데, 임신 중기와 후기에도 무리하지 않도록 조심해야 한다. 노약자석처럼 거동이 힘든 임산부를 배려하기 위해 임산부 배려석이 생겨나게 되었다.

2. 〈비워 둬야 한다〉
   임신 초기에는 임신한 표시가 잘 나지 않아 자리가 비어 있지 않으면 임산부들이 일어나 달라고 말하기가 난처하다. 미리 비워 두면 눈치 안 보고 바로 앉을 수 있다.
   〈비워 두지 말아야 한다〉
   임산부가 언제 올지 알지도 못하는데 미리 비워 두는 것은 비효율적이다. 임산부가 올 때 자리를 양보하면 된다.

3. 공공건물이나 교통시설에서 임산부에게 자리를 양보하고 무거운 짐을 들고 있을 경우 도움을 주어야 한다. 또한 임산부를 위한 전용 휴게 공간을 마련하거나 임산부 주차 스티커를 발급해 임산부가 주차공간을 편리하게 이용할 수 있게 하는 등 정책적인 차원에서의 지원이 필요하다.